자유 민주 지키기

21세기 평화질서

Democratic Peace in the 21st Century

자유 민주 지키기

21세기 평화질서

Democratic Peace in the 21st Century

이상우 지음

기파랑

머 리 말

　20세기 중반 나치즘, 파시즘, 볼셰비즘의 거센 도전을 이겨낸 미국과 서유럽의 자유민주주의 국가들에 대해 온 세계의 인민들은 깊은 신뢰를 가지게 되었다. 이러한 신뢰를 딛고 미국은 새 시대의 단일 지도국으로 올라섰고, 자유민주주의 국가들의 민주평화공동체를 구축하는 데 앞장섰다. '미국 주도의 평화Pax Americana' 시대가 열린 것이다.

　그러나 20세기가 끝나고 21세기가 시작될 때쯤에는 그 꿈이 흔들리기 시작했다. 아르헨티나, 브라질, 가나, 페루, 태국 등에서 민주주의가 무너지기 시작했고 21세기에 들어서서는 미국과 서유럽 등 선진국에서도 민주헌정질서가 흔들리기 시작하였다. 최근 『민주주의는 어떻게 죽는가 How Democracies Die』라는 도전적 책을 펴낸 레비츠키Steven Levitsky와 집라트Daniel Ziblatt 교수는 선진 민주국에서 민주주의가 천천히, 그리고 매우 영리한 방법으로 파괴되고 있다고 지적했다. 레비츠키와 집라트는 군 장성이나 혁명 정당에 의해서 민주정권 전복이 일어나는 것이 아니라 선거로 선출된 공직자가 민족주의, 대중영합주의, 국민들의 반反엘리트, 반부패 감정 등을 이용하여 점차적으로 민주헌정질서를 전제정치체제로 바꾸어 간다고 지적하고, 각 단계마다 합법을 내세우기 때문에 더 위험하다고 했다.

한국의 민주주의도 예외가 아니다. 1948년 자유민주주의를 국시로 민주공화국을 세운 이래 한국은 70년 동안 여러 가지 국내외 도전을 이겨내고 민주평화질서를 정착시켜왔다. 그러나 레비츠키와 집라트가 지적한 바와 마찬가지로 한국도 '합법적 절차'를 내세운 '개혁'을 거치면서 급속히 반反자유민주주의적 체제로 변질되어가고 있다. 걱정이다.

이 책은 2007년부터 10년 동안 매년 봄에 가졌던 '반산세미나'에서 토론했던 내용을 정리한 책이다. 세미나에서 다룬 주제가 민주주의, 평화, 질서 등이어서 『정치학개론』 과목에서 부교재로 쓸 수 있을 것 같아 만든 책이다. 이 책은 다섯 부분으로 구성되어 있다. 열 번의 세미나에서 토론했던 내용을 모두 하나로 묶어 〈개관: 자유 민주 지키기의 큰 그림〉이라는 제목으로 제일 앞에 실었다. 바쁜 분들은 이것만 읽어도 되도록 정리했다. 그 뒤에 〈제1부 자유 민주 쟁취의 역사〉, 〈제2

부 자유 민주 이념〉, 〈제3부 자유 민주 지키기〉를 실었다. 정치공동체의 변천사, 이념, 제도를 각각 다룬 것으로 서로 연관되어 있으나 따로따로 읽어도 좋도록 정리했다. 끝에 〈글을 마치며: '열린사회'가 답이다〉를 짧게 만들어 붙였다. 개혁 과제를 나열해 본 것이다.

반산회盤山會는 내가 서강대학교에서 30년간 봉직하면서 가르쳤던 제자들 57명이 모인 친목 모임이다. 모두가 대한민국의 자유민주주의 헌정질서를 자랑스럽게 여기는 성실한 정치학도들이다. 이들은 이 시대를 살아가는 '깨어 있는 지식인'으로서 지난 70년 동안 급변하는 국내외 정세 속에서도 어렵게 가꾸어온 대한민국의 자유민주주의 헌정질서를 어떻게 지켜낼 수 있을까 고민하고 있다. 그리고 2천만 북한 주민들의 '삶의 질'에 대해서도 고민하고 있다. 또한 다음 세대의 한국 국민들이 사람답게 살아갈 수 있는 정치환경을 만들어 가는 일에 깊은 학문적 관심을 가지고 있다. 반산회는 이들의 이런 관심을 반영하여 민주, 평화, 통일, 안보를 주제로 세미나를 열어 왔다. 나는 이들과의 대화와 토론을 통하여 많은 것을 배우고 있다. 이 자리를 빌어 반산

회원 모두에게 고마운 마음을 전한다.

평생의 동학同學인 황영옥黃永玉은 매일 아침저녁에 진행된 2인 세미나를 통하여 나의 모난 견해들을 다듬는 데 큰 공헌을 했다. 이번 책도 황영옥의 감수를 거쳤다.

이 책의 원고는 여러 번 나눠 썼기 때문에 중복되는 부분도 많았고, 표현이 매끄럽지 못한 문장도 많았다. 이 글들을 꼼꼼히 살펴 다듬어 놓은 기파랑의 박은혜 실장과 손혜정 씨에게 고마움을 전한다.

끝으로 반산회 모임을 꾸려가느라 늘 애쓰는 이규영李奎榮, 김규륜金圭倫, 이정진李廷鎭, 박광희朴廣熙 교수 등 반산회 운영위원들과 이 책의 원고를 다듬어 책으로 엮는 일을 맡아준 신아시아연구소 사무국의 박정아朴正娥 차장에게 감사의 말을 남긴다.

2018년 5월

盤山 李相禹

차   례

제2부 자유 민주 이념: 평화공동체의 목표 가치

개관

자유 민주 지키기의 큰 그림

자유 민주 지키기의
큰 그림

민주주의의 퇴보와 '민주화의 덫'

서기 2000년을 분수령으로 민주주의의 양과 질이 급격히 퇴보하고 있다. 20세기 말에는 192개국 가운데 북한, 중국 등과 같은 극소수의 전체주의-전제주의 국가를 제외한 160개의 나라가 민주헌정체제를 유지하고 있었다. 그러던 것이 시민의 자유도를 지수로 매년 각국의 민주주의의 질을 평가해오는 프리덤 하우스Freedom House의 통계를 보면 2005년부터 2010년까지 5년간 25개국에서 자유도가 급격히 낮아진 것을 알 수 있다. 베르텔스만Bertelsmann 통계를 보아도 2010년 조사 대상 128개국 중 53개국에서 민주주의 질이 하락했고, 그 중 16개국은 '아주 흠이 많은 민주주의 국가'로 전락했다.

2011년 여러 아랍 국가들의 내부에서 번지기 시작한 민중봉기로 인해 이들 국가들의 전제정부가 무너졌고 전세계 시민들은 이를 '아랍의 봄'이라고 부르며 '민주화된 아랍 세계'를 기대했다. 그러나 그 기대는 이들 나라에 들어선 새로운 전제정부를 보며 여지없이 무너졌다. 덩샤오핑鄧小平의 개혁개방 정책으로 '민주화된 중국'을 기대했던 사람들도 시진핑習近平의 '1인지배 강화와 전제정치' 회귀를 보고 실망하고 있으며 러시아의 '공산독재체제의 민주화'에 걸었던 기대도 푸틴Vladimir Putin의 신형 독재체제 등장으로 인해 무너졌다.

한국의 민주주의도 변질되고 있다. 2017년 '촛불혁명'이라 부르는 민중봉기를 계기로, 국민 선거로 선출된 대통령을 탄핵하고 '직접민주주의'를 내세운 새로운 정부가 등장하였다. 민주주의 정치의 핵심 가치인 법치주의 원칙을 넘어서는 '국민의 뜻'을 모든 정책의 정당화 근거로 삼으려는 새 정부의 국정운영 방침은 고전적 민주주의 정치체제를 변질시키는 또 하나의 혁명이다.

1776년에 출범한 미합중국은 민주헌정질서를 갖춘 최초의 근대적 민주주의 국가였다. 사회 구성원 모두에게 '인간 존엄성을 보장하는' 자유의 원칙, 신분에 따른 차별을 받지 않고 똑같은 권리와 의무를 가진다는 평등의 원칙, 그리고 모든 사회 구성원이 국가통치권을 나누어 가진다는 주권재민의 자율원칙 등 민주헌정질서의 세 가지 핵심 가치를 갖춘 미합중국의 정치체제는 지난 200년 동안 범세계적 시민 혁명의 목표가 되었다. 1인지배의 절대군주제 국가, 신분에 따른 차별을 제도화했던 계급 국가들은 차례로 미국 헌정체제를 전범으로 삼아 민주국가로 다시 태어났다.

그러나 수천 년 역사의 전제정치 전통을 깨고 민주주의를 수용하는 혁명 과정은 순탄하지 않았다. 20세기 초에 등장한 프롤레타리아 계급 독재체제의 레닌주의 국가들과 나치즘, 파시즘 등의 민족주의-전체주의 국가들의 도전으로 민주국가들은 치열한 투쟁을 벌였었다. 1945년 나치즘, 파시즘, 일본 군국주의와의 투쟁을 끝낸 후 1989년 소련 볼셰비즘 독재체제를 붕괴시켰을 때 온 인류는 민주혁명의 승리를 자축하면서 이제 수천 년 걸린 '인간해방'의 투쟁이 끝나고 '민주국가들로 이루어진 하나의 세계공동체'가 곧 등장하리라는 기대를 가졌었다.

민주혁명의 완성을 눈앞에 두고 다시 시작되는 '민주주의의 퇴보'를 어떻게 설명할 것인가? 그리고 이에 어떻게 대처해 나갈 것인가? 많은 연구서가 쏟아져 나오고 있으나 꼭 짚어 진단하는 연구는 아직 나오고 있지 않다. 다만 공통된 진단은 민주주의의 퇴보가 '민주화된 제도의 덫'에 걸려 진행되고 있다는 주장이다. 민주화된 정치체제에서 '민주의식'을 갖추지 못한 무지한 대중을 선전선동으로 동원하여 지지를 창출하고 국가공동체의 공동선이 아닌 자기집단의 이익을 추구하려는 세력들이 정권을 장악하는 '대중영합주의'의 문제가 부상하고 있다. 또한 대중운동을 앞세우는 '직접민주주의'로 합법적 헌정질서를 깨는 '인민혁명'의 등장 등, 군사 쿠데타나 폭력을 사용하지 않으면서 '민주 절차를 앞세운 민주 정신 파괴'를 감행하는 예가 보편화되어가고 있어 우려를 낳고 있다. 왜 이러한 퇴보가 일어나는가? 모든 변화는 그 자체가 문제를 만들어내기 때문이다. 진보, 진화, 발전 등의 바람직한 변화 흐름도 그 변화의 그림자처럼 새로운 문제를 만들어내고, 이를 선제적先制的으로 대응하지 못하면 질서 붕괴의 아픔을 겪게 된다.

자연질서에는 선형 발전linear progress과 함께 순환 변화cyclic mode of change가 병존한다. 이 두 가지 변화가 합쳐지면 나선형 변화helix가 일어난다. 이런 변화는 사회질서 변화에서도 똑같이 일어난다. 어떤 목적을 달성하기 위하여 제도를 만들면 그 제도가 목적과 유리되면서 부패, 부정의 도구로 전락한다. 제도를 지속적으로 보완, 개정해 나가면서, 변화하는 환경 속에서도 목적에 부합하도록 제도를 고쳐 나가야 그 체제는 존속한다.

모든 인간의 자유와 평등을 보장하는 이상적인 공존 질서로서 인간이 만들어낸 '민주평화질서'도 끊임없는 제도 경신이 이루어져야 지킬 수 있다. '민주화의 덫'에서 벗어나 민주 정신이 살아 있는 민주정치체제를 지켜 나가기 위해서는 급격하게 변하는 21세기적 시대 환경에 적응할 수 있도록 선제적으로 제도 개혁을 펼쳐 나가야 한다.

가치와 제도의 동태적 균형

사람이 인식하는 범위에서 보면, 쉼 없이 흐르는 시간 속에서 만물이 생겨나고 변하고, 만물 간의 관계에서 생겨나는 현상도 끊임없이 변해왔다. 변화는 지금도 계속 일어나고 있다.

과학자들은 138억 년 전에 우리의 우주가 시작되었다고 한다. 그리고 약 45억 년 전에 지구가 생겨났고 38억 년 전에 몇몇 분자들의 집합에서 유기체가 탄생했으며 그 유기체들 가운데 인간이라고 부르는 생물체가 진화하여 오늘의 사람들이 되었다고 한다.

인류는 지금으로부터 약 7만 년 전부터 언어로 소통하면서 집단을 형성하기 시작했고 공통의 삶의 양식을 만들어내기 시작했다. 이 삶의 양식의 총체를 문화라 부르는데 그 문화가 계속 변화해온 과정의 기록을 우리는 역사라 부른다.

초기에 사람들은 가족 단위로 모여 하나의 집단을 이루어 살다가 그 가족의 범위가 커지면서 씨족공동체로 발전하게 되었다. 이 씨족공동체는 다시 더 큰 부족 사회가 되었는데, 인간의 생산양식이 발전하면서 부족국가들이 모인 민족공동체를 구성하기 시작했다. 보통 이때쯤부터를 '인류 문명사'라 한다. 약 1만 2,000년 전부터 정착 생활을 시작하면서 공동체 구성원이 함께 농사를 짓고 그 산물을 나누기 시작하였다. 대체로 그 이후를 '역사 시대'라 한다.

공동체란 공공선公共善을 위하여 구성원들이 역할을 나누어 맡아 협력하는 질서를 갖춘 인간집단을 말한다. 구성원이 맡아야 할 일을 정해주고 그 결정을 따르게 만드는 힘을 가진 질서관리 조직이 갖추어지면 정치공동체라 부른다. 좀 더 부연하면, 구성원이 지켜야 할 규범, 그리고 그 규범을 운영하고 지키도록 강제할 수 있는 힘과 조직이 갖추어지는 것이 '질서'이다. 그 질서를 만들고, 관리하고, 필요할 때 고쳐 나가는 일이 정치이고, 일정 영역에서 최고 권위를 가진 정치공동체가 등장하면 국가가 된다.

공동체의 규범을 누가 만드는가, 규범을 지키게 하는데 어떤 힘을 사용하는가, 그리고 체제관리 조직을 어떻게 구성하는가에 따라 정치체제는 여러 가지 정형을 가지게 된다. 피지배자의 동의 없이 지배자가 홀로 규범을 만드는 체제를 전제정치라 하고, 구성원의 뜻을 모아 결정하는 체제를 민주정치라 한다. 그리고 구성원들이 규범을 지키도록 하는 힘으로는 구성원들의 규범 위반 시 불이익을 주어 따르게 하는 강제력, 잘 준수했을 때 보상을 주어 이익을 기대하고 따르게 하는 교환력, 그리고 구성원들이 옳다고 판단하여 스스로 지키게 만드는 권위 등 세 가지가 있다. 어느 힘을 주로 활용하는가에 따라 독재정치, 공화정치 등으로 체제를 구별하기도 한다.

어떤 정치체제가 가장 바람직한가 하는 것은 시대 환경에 따라 달라진다. 정부에 대한 구성원들의 요구가 무엇인가에 따라 합당한 제도가 달라지기 때문이다. 요구 내용이 변하면 바람직한 제도도 달라지게 된다. 예를 들어 복지가 최고의 기대 가치가 되는 환경에서는 공동체의 힘을 효율적으로 관리할 수 있는 전제정치가 바람직할 수 있다. 안전이 위협받는 환경에서는 안전을 보장해줄 수 있는 강한 정부가, 의식주의 풍요로움이 가장 아쉬울 때는 효율적인 유능한 정부가, 그리고 자유가 최상의 기대 가치가 될 때는 국민의 참여를 극대화할 수 있는 민주체제가 가장 바람직한 체제가 된다.

좋은 정치란 시대 흐름에 따라 달라지는 국민들의 요구에 맞는 체제를 만들어 나가면서 동태적으로 체제를 개선해 나가는 기술이라 할 수 있다.

특히 추구 가치가 변할 수 없으면 제도를 새 시대 환경에서 가치 실현에 가장 부합하도록 고쳐 나가야 한다. 제도란 가치를 지키는 수단이기 때문이다.

과학기술 발전에 따른 정치제도의 경장

사람이 다른 모든 동물을 제치고 지구상의 최고 강자로 올라선 것은 언어가 가능한 발성 구조를 가질 수 있게 진화했기 때문이다. 언어는 경험의 축적을 가능하게 한다. 자기 경험을 다른 사람에게 전달함으로써 직접 경험하지 않은 것에 대한 정보도 확보할 수 있게 되었고 교류를 통해 얻은 많은 정보와 지식을 다음 세대에 전달함으로써 지식의 축적이 가능하게 되었다. 또한 언어를 통하여 분업과 협동이 가능해져서 한 사람의 능력을 넘는 큰 힘을 발휘할 수 있게 되었다.

사람은 이렇게 축적된 지식을 기초로 자연 지배 능력을 꾸준히 발전시킬 수 있게 되어 오늘의 과학 문명을 이루게 된 것이다. 그리고 많은 수의 사람을 하나의 집단으로 묶을 수 있어 공동체를 형성하고 규모를 극대화시킬 수 있게 되었다. 인간은 공동체를 이용하여 구성원이 발현하는 다양한 힘을 엮어 시너지 효과를 창출함으로써 점차로 어떤 동물도 가질 수 없는 강력한 힘을 가지게 되었다. 그리고 지식의 축적으로 20세기에 이르러 인간은 자연에 존재하는 물질을 물리적으로 이용할 뿐만 아니라 화학적으로도 활용할 수 있는 기술을 갖게 되었다. 나아가 오관으로 감지할 수 없는 전파도 활용하게 되고 원자의 내부 구성 물질, 세포의 내부 구조까지도 생활 향상을 위해 조작하고 이용할 수 있게 되었다.

이렇게 늘어난 인간의 자연 지배 능력은 의식주에 필요한 물자를 작은 힘을 들여 효과적으로 확보할 수 있게 하였고, 폭발적으로 향상된 생산 능력으로 인해 인간은 삶에서 많은 시공간적, 물질적 여유를 향유할 수 있게 되었다.

인간의 자연 지배 능력이 발달하고 삶의 여유가 생기면서 사람들이 바라는 것 또한 점점 많아졌다. 즉, 예전에는 바랄 수 없었던 것들을 이루어내고 소유하려는 욕구가 새로 생겨나 인간의 추구 가치도 다양해졌다. 그리고 추구 가치의 변화와 함께 공동체에 기대하는 것도 달라졌다. 가치와 기대가 변화하면 공동체를 운영하는 정치체제도 달라져야 한다. 그래서 특정 환경에서 가장 바람직하다고 생각되던 정치체제가, 달라진 환경에서는 부적합하다고 비판받게 된다.

맹수나 다른 부족의 위협 속에서 생명과 신체의 완전성을 지키기 어려웠던 시대에는 안전이 가장 다급한 추구 가치였다. 그래서 사람들은 자유나 복지 같은 가치보다도 안전을 지켜줄 수 있는 강한 정부를 원했다. 비록 자유를 억압하는 독재체제여도 선호했다. 그러나 안전이 위협받지 않는 상황에서는 의식주의 물질적 풍요를 안정적으로 보장해주는 정부를 바라게 되었다. 제국주의 시대에는 강한 군대를 길러 다른 나라를 제압, 착취하여 자국 국민의 풍요를 보장해주던 군사대국이 국민들의 지지를 받았다.

넉넉한 농토를 가질 수 있었던 안정된 국가의 국민들은 인권과 자유를 보호하는 정부를 원하게 되었고 국민들의 정치참여를 보장하는 민주정치체제를 더 선호하게 되었다. 이러한 안전과 풍요, 자유가 보장되는 정치환경이 이루어지면서 국민들은 한발 더 나아가 물질적, 정신적으로 쾌적한 삶을 누릴 수 있도록 정부가 집단적 봉사를 행해 주기를 바라게 되었고 세심한 봉사를 해줄 수 있는 복지국가를 원하게 되었다.

과학기술 수준이 낮은 시대에 국민의 풍요를 보장하는 가장 손쉬운 방법은 힘으로 다른 나라의 부를 탈취하는 것이었다. 그것이 약육강식 제국주의 시대의 부국강병책을 앞세운 독재국가의 전성시대를 가져왔었다. 그러나 과학기술이 한층 더 발달하여 무기의 살상력이 증대되면서 전쟁의 피해 규모가 국민들이 감당하기 어려운 시대에 이르렀다. 이에 따라 국가 간에도 탈취보다는 협력과 공생이 불가피해지게 되고 국가 간의 협력을 보장하는 국제체제를 모색하게 되었다. 또한 안전, 풍요, 인권이 보장되는 자유를 '공동선'으로 상정하여 협력을 통한 범세계적 인류공동체를 구축하려 하게 되었다.

바람직한 정치체제는 이렇듯 과학기술의 발전과 추구 가치의 변화라는 큰 흐름 속에서 끊임없이 변화한다. 절대적으로 옳고 고정된 체제란 있을 수 없다.

과학기술 발전은 삶의 양식을 바꾸고 인간의 대응 능력을 길러 준다. 발전된 능력을 활용하면 가치 실현의 방식도 향상될 수 있다.

21세기 시대 환경: 네 가지 혁명과 사회 구성 변화

사람은 언어를 도구로 이용하여 공동체를 구성할 수 있게 되면서 개개인이 가진 능력과 비교할 수 없는 힘을 공유하게 되었다. 그 힘으로 사람들은 각자가 추구하던 가치를 실현할 수 있게 되었다. 문명사는 이 과정을 보여주고 있다. 그러나 이렇게 엄청난 힘을 만들어낸 인간 문명은 그 공동체의 힘을 제어하지 못하는 사태를 빚어 인간 문명 자체가 자멸하는 길로 들어서고 있다.

공동체는 분업과 시너지 창출 기술을 통해 구성원의 힘을 개인들로서는 제어하기 힘든 '공동의 힘'으로 승화시켰다. 그러나 역설적으로 그 힘을 가진 공동체가 통제를 벗어나 오히려 구성원인 개인을 노예화하고 삶의 환경 자체를 파괴하는 길로 들어서고 있다.

과학기술의 발전은 지수함수적으로 이루어져 왔다. 인간 문명이 시작된 이후 18세기 말까지 축적해놓은 지식이 19세기 100년 동안 창출한 지식과 비슷하다고 한다. 그리고 문명사가 시작된 이후 19세기 말까지 쌓아온 지식의 총량은 20세기 전반 50년 동안에 새로 만들어낸 지식의 양과 같다고 한다. 21세기에 들어서서는 그 발전 속도가 더 가속화되어 한 사람의 인생에서 앞선 세대 사람들이 수백 년 동안 겪은 변화를 다 겪게 되었다. 이제 21세기 사람들은 하루가 다르게 변하는 삶의 환경을 쫓아갈 수 없을 정도가 되었다.

21세기 시대 환경을 지나온 시대와 비교해보면 그 변화를 크게 네 가지의 혁명으로 요약할 수 있을 것이다.

첫째는 에너지 혁명이다. 인류는 도구를 사용하기 시작하면서 자연을 물리적으로 이용하였고 한 사람이 할 수 있는 일을 비약적으로 증대시켰다. 흐르는 물로 물레방아를 돌리고 바람을 이용하여 몇백 톤의 배를 움직여 물건을 운반할 수 있게 되었다. 활을 만들어 큰 동물도 제압하게 되었고 수레와 농기구를 만들어 농업생산 수준도 높였다. 나아가 자연을 화학적으로 사용하는 길을 열어 자연에 없던 새로운 물질도 만들어내었다. 화석 연료를 기계의 동력으로 이용하기 시작하면서 인간은 기계 문명의 길을 열었고, 화약의 사용은 살상력 높은 총포와 폭탄을 만들어 전쟁의 양상을 바꾸어 놓았다. 그리고 보이지 않는 전파를 활용할 수 있게 된 것은 물론, 핵에너지 기술 발달로 상상을 초월하는 에너지를 활용하는 데까지 이르렀다. 이제 인간은 전 지구를 초토화시킬 수 있는 힘을 손에 쥐게 되어 인류 문명을 송두리째 파괴할 수 있게 되었다. 이렇게 창조 및 발전시켜온 엄청난 에너지로 21세기의 인간은 삶과 물질적 풍요를 누릴 수 있는 힘을 갖게 되었으나 그 엄청난 에너지로 문명 자체를 파괴할 수도 있는 상태에 이른 것이다.

둘째로 이러한 자연 지배 능력을 활용하여 육해공의 대규모 교통수단을 확보함으로써 사람들은 하루 동안에 세계 어느 곳이든 이동할 수 있게 되었고 전 지구를 하나의 삶의 마당으로 만드는 공간혁명을 이루었다. 이제 인간의 삶의 영역은 5억 1천만 제곱킬로미터의 전 지구로 확장되었다. 지리적 거리는 더 이상 인적, 물적 교류를 가로막는 장벽이 되지 못하게 되었다.

셋째는 정보혁명이다. 전파를 이용한 통신수단의 보편화로 모든 사람이 동시에 정보를 공유하는 시대가 되었다. 정보 독점으로 특정한 지위에 있는 사람만이 사회를 통제하던 시대는 지나갔다. 정보의 공유 범위가 공동체 구성원 모두로 확장되면서 공동체 운영의 폐쇄성이 소멸되어가고 있다.

정보화혁명은 특히 중요한 의미를 가진다. 사회 구조를 근본적으로 바꾸어 놓고 있기 때문이다. 산업혁명은 농업 사회를 공업 사회로 바꾸어 놓고 사회 구성원 대부분을 도시노동자로 바꾸어 놓았다. 그 결과로 단순하던 사회 구성을 여러 직업의 집단으로 갈라놓았다. 여기에 적응하지 못한 민주체제는 사회주의-전제주의 등장으로 허물어졌다. 21세기에 시작된 정보화혁명은 산업혁명보다 더 심각하게 사회를 양극화시키고 있다.

산업혁명은 구성원 전체의 생활수준을 높여주었기 때문에 가진 자와 가지지 않은 자 모두가 만족하는 환경이었으나 정보화혁명은 빈익빈 부익부를 가속화시킴으로써 사회를 양극화시키고 있어 그 간격을 좁히기 어렵게 만들었다. 더구나 산업혁명 때는 단순 육체노동자가 기계화에 밀려 어려움을 겪었으나 정보화의 물결 속에서는 사회의 중심 세력인 지식산업 종사자로 구성된 중산층이 '인공 지능'에 밀려나 실직하게 되면서 '교육받은 중산층'이 뒷받침해주던 민주정치체제가 위협받고 있다.

이러한 사회 구성 변화에 따라 정치체제도 혁명적 변화가 필요해지고 있다. 이 변화에 어떻게 대응하는가에 따라 인류 사회는 또 한 번의 변신을 겪게 될 것이다.

넷째로 이러한 과학기술혁명으로 조직혁명이 일어나고 있다. 이익을 공유하는 사람들이 초超지리적으로 집단을 만들어 함께 행동할 수 있게 되었고 함께 일하거나 살고 싶은 사람들이 언제든지 공동체를 만들어 운영할 수 있게 되었다. 공동체의 다원화가 이루어졌다. 초지리적, 초국경적 공동체도 보편화되고 있다.

21세기에 진행되고 있는 위와 같은 네 가지 혁명으로 사람들의 생활양식은 과거와 근본적으로 다른 모습으로 변하고 있고 생활양식의 총화라고 하는 문화도 달라지고 있다. 그리고 '문화 동질성을 공유하는 인간집단'을 말하는 민족도 변질되고 있다. 지금까지는 지리적으로 한정된 공간에서 삶을 살아가는 사람들 사이에서만 교류협력이 가능했기 때문에 일상의 생활양식을 공동 문화로 만들어왔던 사람들이 하나의 민족을 이루어왔다. 그러나 이제는 초지리적, 초인종적인 '문화 동질성 공유 현상'이 일어나게 됨에 따라 '초리지적 민족집단'이 생겨날 수 있게 되었다. 그리고 이러한 민족의식과 지역 단위를 바탕으로 번성해왔던 민족국가라는 정치공동체도 변화를 겪지 않을 수 없게 되었다.

과학기술의 가속화된 진보와 달라진 삶의 양식으로 인해 인간이 추구하는 가치도 변화하고 있다. 그리고 추구 가치가 변하면서 공동 이익을 함께 추구하는 공동체가 다양화되고 있다. 또한 역설적으로 초국경적 인적 교류, 활발한 정보 교류는 삶의 기본 양식 동질화를 진행시키고 보편 가치의 공유화도 동시에 촉진시키고 있다.

파편화 되어가는 사회 구성 변화에 대응하여 다양한 공동체의 다양한 추구 가치 실현을 지원해야 하는 국가 기능과 초국경적이고 범인류적인 보편 가치를 수호해야 하는 국가 기능 간의 조화와 조율이 새 시대에 국가가 대응해야 할 가장 중요한 임무로 등장하고 있다. 특히 국가가 수호해야 할 기본 가치는 국민 의지의 총화라고 할 수 있는데, 국제사회에서 통용되는 보편적 가치와 국가의 추구 가치가 상충할 때 양자를 조화시킬 수 있는 제도 창출과 운영은 국가가 새 시대에 감당 해야 할 최대의 도전이 되고 있다. '인간존엄성이 보장된 자유'를 보편 적 기본 가치로 수용하고 있는 21세기의 국제질서는 특정 계급의 독 재를 기본 이념으로 삼고 있는 국가에게 있어 국가 존립이 위협받는 중대한 도전이 되고 있다.

21세기에 접어들면서 인류 사회가 겪고 있는 에너지혁명, 교통수단 의 혁명, 정보혁명과 과학기술혁명은 점진적 제도 개선으로 대응하기 에는 너무나 벅찬 도전이어서 대응 방식도 혁명적이어야 한다. 전통 과 관습에 묶여서는 체제 붕괴를 자초하게 된다.

으뜸정치공동체로서의 국가: 불변의 '국가 중심 체제'

모든 공동체의 으뜸이 되는 공동체는 최고 통치권을 독점하는 국가 라는 정치공동체이다. 씨족국가, 부족국가, 민족국가, 제국을 거쳐 21 세기 국제질서의 기본이 되는 주권국가까지 인류 문명사는 국가들의 변천사라 할 만큼 항상 국가가 최고 권위를 가지는 정치공동체였다.

국가는 일정한 영역(영토라 부른다) 내의 모든 인간을 구성원(국민)으로 하는 공동체를 핵심적 목표 가치를 내세우고 통치하는 최고의 권위를 가진 조직체이다. 최고의 권위라 함은 그 영역 내의 여러 형태의 공동 체를 통제하고 관리하는 지위를 가지며, 대외적으로는 다른 국가들과 대등한 지위에서 관계를 형성하되 어떠한 권위체의 자의恣意에도 복속하지 않는 지위를 가졌다는 것을 의미한다.

국가는 구성원 모두가 지켜야 하는 규범을 만드는 권위를 가지며 그 규범을 지키도록 강제할 수 있는 힘을 보유한다. 국가는 최고 통치 조직인 정부를 가지는 포괄적 권위의 조직체이다.

인류 사회는 시간의 흐름 속에서 끊임없이 진화해왔으나 국가라는 정치공동체의 통제를 벗어난 적은 없다. 뿐만 아니라 급격한 사회변화가 진행되는 21세기 시대 환경에서도 국가가 으뜸정치공동체로 존속하리라고 본다.

국가의 존립 목적은 자발적이건 강압에 의해서건 공동체 구성원들이 수용하게 된 기본 가치 체제를 지켜나가는 것이다. 구성원들이 공유하는 문화 동질성에서 도출되는 보편적 가치를 국가의 기본 가치로 하는 민족국가도 있고, 다양한 인종과 문화집단이 타협과 합의를 거쳐 나오게 된 공통이익을 기초로 가치 체계를 앞세우는 민주국가도 있다. 강한 집단이 다른 여러 집단을 힘으로 강제하여 자기들의 가치를 보편 가치로 내세우는 전체주의 국가도 있다.

공동체 구성원들이 추구하는 최고 가치가 안전이라고 인식할 때는 안전을 보장할 부국강병이 국가의 일차적 목표 가치가 되었다. 안전을 넘어 의식주의 풍요, 풍요를 넘어 '인권이 보장된 자유'를 갈망하는 환경에서는 각각 제국 건설, 자유민주체제 운영이 국가의 최고 목표가 될 수 있었다.

국가의 지배 가치의 변천과 조직관리 방식의 다양화로 시대 환경에 따라 국가의 규모와 지위, 기능이 변해왔으나 국가가 자국 영토 안에서 최고 권위를 가지는 통치조직이란 지위에는 변함이 없고 국가들의 협의공동체인 현존 국제질서에서도 국가가 최고 주권을 인정받는 행위 주체라는 점에서도 변함이 없다. 국가의 크기는 달라질 수 있어도 공동 이익을 추구하는 최고 권위를 가진 정치공동체로서의 국가는 21세기에도 계속 존속할 것이다.

국가가 보장해야 할 기본 가치: 자유와 평등

공동체는 구성원 모두가 존중하는 공통의 지배 가치, 가치 수호를 위해 일하는 조직, 그리고 지배 가치 수호를 위해 구성원이 지켜야 할 규범체계와 그 규범이 지켜지도록 만드는 힘 등 네 가지 요소를 갖춘 인간집단이다. 국가도 공동체이므로 이러한 네 가지 요소를 갖추고 있다. 이 중 하나가 잘못되어도 공동체는 해체된다.

국가의 지배 가치는 시대정신을 반영하는 구성원들의 보편적 가치의식을 반영한다. 이 지배 가치에 승복하지 않는 집단이 생겨나면 그 국가는 분열된다. 구성원들의 가치관은 오랜 기간 삶을 공유하며 생겨난 그들의 생활양식에서 형성된다. 이것이 문화이다. 같은 문화를 공유한 인간집단을 민족이라 한다. 그래서 대부분의 국가는 민족국가를 기본형으로 하고 있다. 그러나 문화 동질성을 가지지 않은 집단이 같은 영토에서 살게 될 때 지배집단의 강압으로 피지배집단이 지배집단의 가치를 인용忍容하게 되면 그 지배 가치 실현을 기치로 국가는 작동한다.

인류 문명의 시작부터 근대에 이르기까지 국가의 기본 가치 체계는 종교적 특성을 가졌다. 구성원 모두의 존중을 받는 초월적 존재가 정해준 가치 체계를 수용하는 신정神政체제가 보편적인 전근대적 국가 형태였다. 대부분의 국가는 하늘의 뜻天道, 신의 뜻神意을 가치의 도덕성 근거로 수용하였다. 그리고 하늘 또는 신의 뜻을 대변하는 지배자가 가치 수호의 권위를 가지고 통치하는 국가 체제가 유지되었다. 동양의 천명天命사상, 기독교를 비롯한 절대 신을 가진 종교 국가들의 왕권신수사상王權神授思想이 초월적 권위에 기반을 둔 국가 지배 이념의 전형적인 원형이 되었다.

그러나 18세기 계몽 시대에 들어서면서 시민들의 정치적 자각으로 시민혁명이 일어났고 초월적 권위에 기초한 국가 지배 이념은 변화를 겪기 시작했다. 구성원 개인의 인권의식이 높아지면서 "모든 사람은 신에 의하여 평등하게 창조되었다"는 주장이 보편화되었다. 이런 추세에 따라 '인권이 보장된 자유'는 이제 어떤 통치자도 훼손할 수 없는 국가의 지배 이념으로 자리 잡기 시작했다. 나아가서 국가는 구성원 모두의 안전과 자유, 그리고 풍요를 확보하고 보장하는 것을 존재 이유로 해야 한다는 믿음으로 발전하였다. 개개인의 자유와 평등을 존중하는 것은 국가가 지켜야 할 최고의 도덕적 의무가 되어 근대 민주국가의 기본형이 정착되었다.

모든 사람은 평등하게 창조되었고 개인의 '인권이 보장된 자유'는 불가양의 절대가치라는 믿음을 헌법화한 미국의 예를 따라 절대다수의 국가들이 자유, 평등, 인권 보장을 헌법 정신으로 받아들이게 되었다. 이제 21세기에는 군주주권, 귀족주권을 내세우는 국가는 사실상 모두 없어졌고 국민주권을 국가의 기본 가치로 모든 국가가 수용하고 있다.

21세기 시대 환경은 지나온 시대의 환경과 크게 다르다. 그러나 정치가 공동체의 인민들을 위한 것인 한 자유와 평등이라는 두 가지 기본 가치는 국가가 추구하는 목적 가치로 남는다. 그리고 자유와 평등이 지켜질 수 있게 하는 제도적 장치인 평화가 추가된다. 평화는 공동체 속에서 자유와 평등을 보장하기 위해 구성원들이 자율적으로 합의하여 이루어지는 가치이다. 평화는 구성원 모두가 동등한 자격을 갖추었다는 것을 서로 인정하고, 나아가 각자의 다름을 서로 존중하며 공존할 것을 약속함으로써 이루어지는 공동체의 질서이다. 평화는 이런 뜻에서 "공존에 대한 자발적 합의"라고 정의한다.

국가라는 공동체는 과학기술의 급격한 발전으로 하루가 다르게 변하여도 모든 인간은 평등하게 창조되었다는 믿음의 확산으로 '만민평등'을 불변의 가치로 삼고 있으며 '인간존엄성이 보장된 자유'의 보장을 목표 가치로 하는 평화공동체로 남을 것이다.

삶의 주체로 태어난 사람은 시대가 어떻게 바뀌어도 '사람답게 살고 싶다'는 꿈은 버릴 수 없고 모두가 꿈을 가지고 살아간다는 사실도 변하지 않는다. 자유와 평등은 시대 환경 변화를 넘어서는 영원한 불변의 가치로 남는다.

주권재민 원칙과 민주 제도: 등가참여 제도의 개선

국가의 기본 가치가 결정되면 이를 토대로 근본 규범Grundnorm이 도출된다. 이 근본 규범에서 구체적 법률을 제정하는 입법 과정을 거치면 법치가 이루어지도록 하는 법률체계가 완성된다. 문제는 누가 기본 가치를 해석하는가, 어떤 기관, 어떤 개인이 입법 과정에 참여하는가를 결정하는 것이다.

주권자인 국민이 의사결정권을 가져야 한다는 주권재민의 원칙은 민주국가의 기본 가치이며, 이를 기반으로 민주화 시대에 국민의 의사를 반영하는 투표 제도 도입은 당연한 논리적 귀결이다. 따라서 현재 모든 민주국가는 투표 제도를 국가의사결정 제도로 채택하고 있다. 그러나 모든 국민이 직접투표로 모든 국가의사결정에 참여한다는 것은 현실적으로 불가능하다. 국가의 규모가 커져서 100만 명이 넘는 국민을 가진 나라들이 대부분이고, 또한 정부가 결정해야 할 사안이 고도의 전문성을 요하게 되면서 직접민주주의는 현실적으로 운영하기 어렵게 되었다.

그래서 '위임'의 제도를 도입하여 대의제가 발전하였다. 입법권 행사 대의원 선출로 국민의 투표참여를 한정하는 간접민주주의 제도는 주권재민 기본 가치를 실천하는 현실적 방안으로서 출현한 것이다. 오늘날 모든 민주국가에서는 주권자인 국민의 투표로 입법에 참여할 대의원을 선출하고 있다. 선출된 대의원으로 구성하는 의회에서 법률을 제정하게 함으로써 주권자의 입법참여를 보장하고 있다. 그리고 이러한 '대의代議'를 효율적으로 이행할 수 있도록 동일한 정견을 가진 전문정치가들이 집단을 형성하여 정당 제도를 도입하였다. 이 정당 제도를 통해 투표로서 국민들이 손쉽게 자기 의사를 표현할 수 있게 되었다. 정당정치는 21세기 시대 환경에서는 불가결한 주권재민 정신을 보장하는 현실적 제도로 인식되고 있다.

문제는 전문성을 가진 사람들을 입법, 행정, 사법 기구에 공급하는 공직자 선임 장치의 도입이 쉽지 않다는 것이다. 평등권을 보장 받은 국민들이 1인 1표제를 통해 등가참여等價參與를 하도록 한 것이 오늘날 민주국가의 정치참여보장 제도인데, 동등한 자격을 보장받아야 하는 것은 당연하나 지식과 능력, 특히 국가 경영에 필요한 전문적 판단 능력에 있어서는 모두가 같지 않은 것이 현실이다. 따라서 등가참여 방법으로는 유능한 전문가를 찾아 공직에 앉힐 수 없다는 것이 문제가 된다. 문맹의 단순노동 종사자와 고도의 훈련을 받은 전문가의 의사를 1인 1표제를 통해 대등하게 반영한다면 결과적으로 그 공동체의 운영관리체제는 효율성을 잃게 된다. 그 결과로 공동체가 창출해야 할 공공재公共財와 공공선은 낮은 수준에 머무를 수밖에 없게 된다. 더구나 선전선동에 능한 이기적 정치인들이 국민들을 선동하여 투표 행위를 자기 이익의 성취 수단으로 유도하는 대중영합주의가 성행하면 등가투표 제도는 반민주적 결과를 초래하게 된다. 구성원의 격格의 평등 보장과 공동체 전체의 운영 효율성을 위한 차등참여 제도와의 조화를 어떻게 이룰 것인가가 21세기 민주국가가 풀어나가야 할 가장 어려운 문제가 될 것이다.

이코노미스트*Economist*지는 2014년 3월 1일자에 "민주주의, 무엇이 잘못되었는가?*What's gone wrong with democracy?*"라는 주제의 특집을 실었다. 그 글에서 '다수 제일주의*majoritarianism*'의 폐해를 민주주의가 후퇴하는 가장 큰 원인으로 꼽았다. 민주주의가 제대로 작동하려면 선거를 통해 국민의 뜻을 찾는 '상향 민주주의'에만 맡겨두어서는 안 되고 선거로도 바꿀 수 없는 민주주의 원칙을 근본 규범으로 정해놓아야 한다고 했다. '다수지지'만 앞세우면 다수지지를 받은 집단이 원하는 것을 무엇이든지 하게 만들어 민주주의 자체를 붕괴시킨다고 했다. 선거를 통한 전제주의 대두가 민주주의를 허무는 '다수지배의 덫'이 된다고 했다.

이러한 불합리한 결과를 예방하기 위해 지금까지 몇 가지 방법이 도입되고 있다. 한 가지 방법은 공무담당자의 자격을 공공기관의 공증절차를 받게 한 후 자격을 갖춘 자만 공직을 맡을 수 있게 취임 자격을 제한하는 방법이다. 판검사는 사법시험을 거쳐 선발하고 의사는 국가가 심사하여 자격을 부여하는 것처럼 국회의원도 일정 요건을 갖춘 자만 출마할 수 있도록 법제화하는 방법이다. 기회의 평등을 보장함으로써 평등 원칙을 지킬 수 있으면서 수준 높은 전문 인력만이 국가가 필요로 하는 공직을 담당하게 함으로써 국가 운영의 수준을 높이는 것이 첫째 방법이다.

다음은 현능주의賢能主義, *meritocracy*라 부르는 다단계 전문성 검증 제도이다. 옛 소련 공산정권에서 만든 제도로 중국의 공산당 1당체제에서 활용하고 있는 방법이다. 1당지배체제인 중국에서는 중국 공산당이 통치의 핵심 조직인데, 공산당은 세포라 부르는 최하위 조직부터 시작하여 향鄕, 시市 등의 조직을 거쳐 성省, 중앙당까지 인재를 발굴하고 명단nomenklatura을 작성한다. 이 명단을 상부 조직에 보고하여 이들을 '인재 풀'로 활용하는 것이 두 번째 방법이다. 각급 당에서 인재선발이 공정하지 않을 때는 부작용이 많은 제도나 정부 조직, 공공조직 요원을 이러한 현능주의 인재선발 방법으로 찾아 활용하면 이론상 전문성을 갖춘 유능한 인재로 각급 조직을 충원할 수 있게 된다. 그러나 이러한 중국식 현능주의 인재선발 방법은 효율성, 전문성을 보장하는 데는 도움이 되나 만민평등이라는 국가의 지배 가치와는 충돌하기 쉽다. 지배정당이 특정 이념을 대변하는 전제 조직이므로 다양한 사상 정향을 가진 사회 구성원의 고른 참여 기회 보장과는 어긋나고 1당지배 전제정치 유지의 도구로 전락할 가능성이 높다는 문제를 안고 있다.

현실정치에서 현능주의를 택하고 있는 중국의 경우 사회 안정 유지, 고도경제 성장, 규율적 군대의 육성 등에서 많은 성과를 내어, 단기간에 후진국이던 중국을 세계 제2위의 강대국으로 만드는데 성공하였다. 그러나 '인간존엄성이 보장된 자유'를 증진한다는 새 시대의 국가공동체 목표 실천에서는 후진성을 면하지 못하고 있다.

현재 가장 보편적으로 활용하고 있는 방법은 정당체제의 도입이다. 전문성이 부족한 유권자가 정책과 공직자 등을 쉽게 구별하여 선택할 수 있도록, 같은 이념 성향의 전문가들이 정당 조직을 만들어 결정 대상을 선정하고 제시하게 하는 방법이다. 지식과 전문성을 갖춘 인재들이 유권자들의 판단을 도와 유권자들이 원하는 것이 무엇인지를 선명하게 다듬어 제시해줌으로써 등가참여 제도의 약점을 보완하는 장치가 정당 제도이다. 정당은 유권자들의 임의 조직으로 시작되었으나, 민주주의 가치 실현을 돕는 중요한 정치적 기능을 담당하고 있다는 점을 인식하여 민주국가에서는 이를 헌법기구화하고 있다. 정치제도의 일부를 담당하고 있다는 책임을 지도록 하기 위함이다.

자유와 평등 보장을 위해 구성원 모두가 공동체에 대한 통치 권리를 공유해야 한다는 주권재민의 원칙은 이제 민주정치체제의 불변 원리로 굳혀졌다. 그러나 주권재민의 원칙을 지켜 나가기 위해서는 기계적인 등가참여 제도를 고집해서는 안 된다. 관심, 지식, 능력이 다른 구성원들에게 똑같은 역할을 지우는 형식적 평등 존중의 등가참여 제도로는 주권재민의 민주 정신을 해치는 역설이 가능해지기 때문이다. 실질적 주권 존중을 위한 제도의 조정이 필요하다.

'민주평화질서': 자유와 평등의 조화

과학기술의 지수함수적 발전으로 사람의 생활환경은 급격히 변해도 생명체로서의 사람은 짧은 시간에 크게 진화하지 않는다. 그래서 사람이 소망하는 삶의 양식 자체는 크게 변하지 않는다. 그러므로 으뜸정치공동체로서의 국가가 공동체 운영의 지침으로 삼아야 할 목표 가치도 적어도 21세기 말까지는 변하지 않으리라 본다. 안전, 풍요, 자유, 자아실현 등의 네 가지 가치는 국가의 목표 가치로 계속 남을 것이다.

국가는 국민의 생명과 건강, 쾌적한 생활환경에 대한 국내외의 위협 및 폭력을 제압할 수 있는 군사력, 정치력을 갖추어야 한다. 그리고 국가는 국민들이 쾌적한 삶을 즐길 수 있는 데에 소요되는 물자를 공급하고 쾌적한 환경을 지켜줄 수 있어야 한다. 안전과 풍요의 보장은 씨족국가 시대부터 지금까지 모든 국가가 1차적으로 이루어야 할 과제였고 앞으로도 그럴 것이다.

안전과 풍요가 보장되면 사람은 더 높은 차원의 가치로 자유를 갈구하게 된다. 사람은 다른 사람과 차별되는 자기만의 꿈을 가지고 있고 가능하다면 타인의 강압에서 벗어나 자기가 이루고자 하는 일을 자기 선택으로 하고 싶어 한다. 자유는 타인의 자의恣意로부터의 해방을 뜻하고 이를 소망하는 것은 인간의 본성이다. 나아가서 사람은 자아실현自我實現 목표 달성 조건과 환경을 국가가 능동적으로 만들어 주기를 바라게 된다. 그리고 국가가 다른 구성원과 차별하여 자기만이 더 큰 불이익을 받도록 만드는 것을 거부한다. 모든 구성원이 똑같이 쾌적한 삶을 누릴 수 있는 평등平等을 요구하게 된다. 후쿠야마Francis Fukuyama는 이러한 모든 인간의 욕망이 충족될 수 있는 상태를 '역사의 종언The End of History'이라 부르고 대체로 21세기 말쯤에는 그런 상태가 이루어지리라 예측했다. 인간이 자연의 위협과 지배자의 억압에서 해방되어 추구하는 모든 행복의 조건을 갖추게 되면, 더 이상 쟁취해야 할 목표가 없어지므로 '인간 해방의 역사 발전' 종착역에 도달한다고 본 것이다.

그러나 국가라는 정치공동체를 통하여 국민들이 충족하려는 소망들은 상호 모순 관계에 있는 가치들이 섞여 있어 현실적으로는 모두 완벽하게 이룰 수는 없다. 그 중에서도 자유와 평등 관계는 논리적으로 함께 이룰 수 없는 대립적인 가치이다. 남과 다른 자아실현은 다른 구성원의 자유를 침해하게 되기 때문이다. 그리고 공동체 구성원들이 모두 동등한 지위와 결과의 평등을 누린다는 것은 구성원 각자의 능력 차이가 있는 현실에서 결코 보장할 수 없는 것이다. 격格의 평등은 획득 결과의 동등을 보장할 수 없다. 자유를 무제한 허용하면 평등이 지켜질 수 없게 되고 평등이 강요된다면 일부 구성원의 자유가 침해된다.

자유와 평등 관계는 결국 구성원들이 스스로 자기의 요구를 부분 양보하여 타협점을 찾는 수밖에 없다. 문제는 어떤 기준과 방식으로 그 타협점을 찾는가 하는 것이다. 이 문제가 어려워 지금도 나라마다 정치적 혼란을 겪고 있다. 격의 평등을 기회의 평등으로만 존중하고 구성원 모두의 자유를 극대화하는 방법, 각자가 투입한 재능, 노력과 관계없이 성취 결과를 제도적으로 고르게 배분해서 평등을 보장하는 방법, 그리고 이 두 가지를 적절히 배합하는 방법 등이 현실정치에서 다양하게 논의되고 있다.

그동안 자유와 평등의 조화 문제와 관련하여 크게 두 가지 방법이 논의되어 왔다. 공동체 구성원으로서 격의 동등을 전제로 개개인의 자유를 최대한 보장하자는 주장이 자유주의이다. 개인이 자유롭게 생산에 참여하는 경제체제에서는 개인의 창의성이 생산성을 높여줄 것이므로 구성원 전체의 부가 커지고 궁극적으로 그 부가 모든 구성원의 혜택으로 돌아간다는 논리가 자유주의 경제이론의 핵심 주장이다. 요컨대 개인의 자유를 보장하면서 전체의 부를 창출할 수 있다는 주장이다. 이에 비하여 구성원의 경제 행위 참여를 국가가 계획하여 하나의 체제로 운영하고, 산출된 부를 국가가 일정 기준에 따라 배분하는 것이 평등을 극대화할 수 있는 생산체제라 주장하는 것이 전체주의 논리이다. 해당 체제에서는 개인의 이익보다 전체의 이익을 앞세우게 된다. 공동체를 하나의 유기체로 보고 유기체 전체의 건강한 삶을 구성원 개인의 삶보다 우선시하면 결과적으로 구성원 개인도 최대의 혜택을 누릴 수 있다는 논리이다. 문제는 개인의 자유가 희생된다는 점이다. 전체주의 이념을 앞세웠던 국가는 여럿 있었다. 독일의 나치즘 정치체제, 이탈리아의 파시즘체제, 소련의 볼셰비즘체제, 중국의 인민민주전정체제, 북한의 '주체사상'에 기초한 인민민주주의체제가 이들이다. 이러한 전체주의 이념은 21세기적 시대 환경에는 개인 자유의 훼손이라는 점에서 배척받아 점차로 사라지고 있다.

자유와 평등의 조화 문제는 결국 공동체 전체의 집단적 이익이라는 공동선共同善 모색에서 답을 구해야 한다. 공동체 자체가 위기를 맞게 되면 승자와 패자 모두 가진 것을 잃게 된다는 점을 인식하게 되면 구성원 각자의 자율적 양보가 이루어질 수 있다. 결국 구성원 모두가 수용할 수 있는 공동선을 찾는 일이 으뜸정치공동체로서의 국가가 해결해야 할 최대 과제가 된다.

지나간 역사를 되짚어보면 국가라는 것은 그 태동기부터 '국가 정체성'이라는 이름으로 국가의 최고 가치를 내세워온 것을 알 수 있다. 하늘의 뜻天道이라든가 신神의 계시라든가 하는 초월적 권위에 의지하여 공동체의 지배 가치를 설정해왔다. 시민혁명으로 주권재민의 공화정을 인위적으로 만들어낸 역사적 사변인 미합중국의 건국 과정에서도 국가의 기본 가치를 신의 권위에 의탁하여 "모든 사람은 신에 의해 동등하게 창조되었다"고 하였다. 개인의 자유와 기본 인권은 하늘이 정해준 것이어서 누구도 침해해서는 안 된다는 천부인권설은 민주국가의 헌법에서 모두 채택하고 있는 기본 가치 명제다.

유학에 바탕을 둔 중국의 정치이론에서도 마찬가지이다. 하늘의 뜻天道을 반영한 예禮라는 규범질서를 정치공동체의 근본 가치 질서로 규정하였다. 하늘이 공동체 내 구성원 각각의 지위를 존중하는 질서를 제시해주었으므로 이를 공동체의 근본 규범으로 삼아 법치질서를 구성하도록 하였다.

동등한 격을 인정받되 다양한 욕구를 가진 공동체 구성원들이 협동하는 질서를 창출하려면 공존의 합의가 기본이 되어야 한다. 서로의 지위의 동등함을 인정하고 능력과 개성의 차이를 존중하면서 자기 자유의 일부를 희생하여 공동 이익을 모색할 줄 아는 공존원칙 합의가 으뜸정치공동체로서의 국가 운영 원칙이 되어야 한다. "공존의 자발적 합의"를 평화라 정의한다면 평화가 결국 이상적인 국가정치공동체의 핵심 가치가 되어야 한다.

평화공동체의 운영 원칙은 어떤 것이어야 할까? 구성원 모두가 공동체 의사결정에 어떠한 형태로든 참여해야 한다. 평화의 요건은 자발적 합의인데 자발성 요건은 치자治者와 피치자被治者가 동등해지는 자율이 보장되어야 갖추어진다. 결국 '민주평화질서'가 가장 바람직한 국가정치공동체의 모습이 된다.

평화질서의 외연外延을 넓히면 국가를 구성단위로 하는 국제질서, 세계질서의 원칙으로도 확장할 수 있다. 모든 주권국가가 동등한 행위 주체로 인정받는 평등 원칙과 국가 간의 공존을 위한 합의를 근본 원칙으로 하는 국제질서의 창출이 모든 인류를 아우르는 이상적인 정치질서가 될 수 있다.

다양한 관심과 능력, 꿈을 가진 사람들이 자유와 평등을 함께 누리려면 공동체의 공동선共同善을 목표로 자유의 자제와 격의 평등을 '평등 원칙의 수용'으로 이해하고 공존共存을 합의해 나가는 평화질서를 함께 만들어 나가야 한다. 국가 단위의 공동체에서나 국제질서에서도 그 원리는 마찬가지이다. '민주평화질서'는 모든 공동체의 이상적 질서가 된다.

버릴 수 없는 가치와 끊임없는 제도 경장

이제 세상의 모든 사람들이 삶의 주체임을 자각한 시대에 들어섰다. 2백 여 년간 진행해온 시민혁명의 결과로 모든 인간은 삶의 주체로서 동등한 권리를 가진 존재라는 시민의식을 가지게 되었다. 그 결과로 자기 운명을 스스로 결정하는 것을 보편적 진리로 주장하게 되었고 주권재민의 원칙은 누구도 어길 수 없는 정치 이념으로 굳어졌다. 그리고 안전, 풍요와 함께 인간존엄성이 보장되는 자유를 국가가 보장해야 한다는 주장이 보편화되었다. 이제 민주공화의 정치는 되돌릴 수 없는 정치 형태가 되었다. 이러한 추구 가치의 변화 흐름이 되돌릴 수 없는 종착역에 도달하였음을 후쿠야마는 '역사의 종언'이라 불렀다.

문제는 비가역적 추구 가치의 보편화 흐름을 반영하는 정치제도를 어떻게 만들어 내는가 하는 것이다. 이 과제는 원초적으로 정답을 찾기 어려운 내재적 어려움이 있어 세계 모든 국가가 고민하고 있다. 왜냐하면 '깨인 시민들'이 추구하는 가치들 상호 간에 모순 관계가 존재하기 때문이다. 능력이 같지 않은 사람들에게 각기 자기의 능력을 활용하여 자기의 이익을 추구할 수 있는 자유를 보장하면 '자유의 극대화'라는 가치는 보장될 수 있으나 평등의 원칙은 지켜지지 못하게 된다. 반대로 평등을 제도적으로 보장하면 능력이 큰 개인의 자유를 제약하지 않을 수 없게 된다.

과학기술의 발전은 생산과 생활의 양식 변화, 개인 능력의 격차를 가져와서 개인의 전문성, 성취 능력에 큰 차이를 만들었고, 결과적으로 사회 구성원 간의 생활만족도 차이 또한 크게 벌려 놓았다. 이렇게 능력 차가 삶의 내용 차이를 가져 오면서 자유와 평등 가치 간의 조화를 이루기가 점점 더 어려워지고 있다. 20세기에 새로 민주주의를 수용한 신생국뿐만 아니라 미국과 같은 성숙된 민주국가에서도 21세기에 들어와서는 빈부의 양극화가 정치 위기를 가져 오고 있다. 능력이 앞서는 자가 자유롭게 앞서가면서 부를 독점적으로 축적하게 되면 능력이 부족한 사회 구성원은 가난에 시달리게 되어 사회 계층화가 심화되고 계층 간 갈등이 공동체 존립 자체를 위협하게 된다.

세대 간의 갈등도 마찬가지이다. 경기 호황기에 살았던 세대와 불황기 사회에 새로 진출하는 세대는 공동체에 대한 신뢰도가 같을 수 없어 세대 간 갈등이 깊어지고, 이는 공동체질서를 위협하게 된다.

교통통신의 발달로 실시간 정보 공유가 가능해진 시대에는 동일한 생활양식과 종교, 문화를 가진 사회 구성원들이 공간적 장벽을 넘어 '이익집단'을 쉽게 형성할 수 있고 공동 이익을 추구할 수 있게 되었다. 종교적, 문화적, 이념적 동질집단에 의해 파편화된 사회를 하나의 공동체 속에서 평화롭게 공존시키기 위해서는 특단의 제도가 마련되어야 한다.

자유, 평등, 주권재민으로 집약되는 불변의 민주주의 가치를 공동체 기본 정신으로서 지켜 나가려면 시대 환경에 맞추어 새로운 도전에 대응할 수 있도록 끊임없이 제도를 개선해 나가야 한다. 제도라는 하드웨어hardware를 기본 정신이라는 소프트웨어software에 맞추어 재창출하는 경장更張을 해나가야 한다. 이러한 노력이 갈등 폭발에 앞서 이루어지면 그 공동체는 안정적으로 진화하지만 그러지 못하면 혁명이라는 험난한 개선 작업을 겪게 되는 것이다.

21세기의 급변하는 시대 환경 속에서 민주공화정의 기본 가치를 지켜 나가기 위해서는 다음과 같은 제도적 경장을 과감하게 해나가야 한다.

1) 민주적 기본 가치의 헌법화

민주공화정의 기본 가치를 국가의 정체성과 기본 질서로 헌법화해야 한다. 구성원 모두가 승복해야 하는 기본 가치를 누구도 바꿀 수 없도록 묶어 놓아야 한다. 이 기본 가치에서 근본 규범Grundnorm을 결정하고 모든 규범을 여기서 도출해야 한다. 그 내용에는 국민으로서의 격의 동등 규정이 포함되어야 하고 '인간존엄성이 보장되는 자유'와 '주권재민'의 원칙이 포함되어야 한다. 그리고 모든 정치적 결정이 이 원칙에 저촉되는지 심사하는 호헌 기구로 독립된 헌법재판기구를 설치하는 합의도 포함되어야 한다.

2) 사법부의 독립성 보장 장치 확보

민주주의는 법치주의가 지켜질 때 작동한다. 그러므로 공동체 구성원과 다양한 조직체들의 행위가 공동체의 규범체계에 저촉되지 않는지를 판정할 수 있는 사법체계 기능이 보장되어야 한다. 개인과 다양한 집단 간의 경쟁은 게임과 같고, 그 게임이 공정하려면 게임 규칙을 지켜주는 신뢰 가능한 심판관이 필요하다. 민주시민으로서의 자각으로 시민들의 다양한 이익추구 활동이 활성화된 21세기적 시대 상황에서는 상충하는 집단이익을 내세우는 다양한 시민 조직 간의 갈등을 조율하는 것이 관건이다. 타협의 규칙을 지키는 독립된 사법체제의 기능 강화가 절대적으로 필요해진다. 독립된 사법체계가 보장되지 않으면 공동체질서는 붕괴된다.

사회는 '약속의 그물'로 이루어진다. 수많은 약속들이 연결되어 이루어진 질서이다. 질서는 내가 한 행위에 대한 결과, 즉 다른 사람의 반응이나 공동체의 반응을 예측할 수 있게 하는 약속이 모인 것이다. 그래서 질서를 '기대 구조structure of expectation'라고도 한다. 공동체 구성원 모두가 지켜야 할 의무를 부여하는 약속이 법인데, 그 법이 지켜지지 않는다면 공동체질서 자체가 허물어진다. 그래서 법치주의는 모든 질서의 기초가 된다. 공동체 구성원들이 법을 지키도록 강제하는 제도가 사법제도이다. 법을 어겼을 때 응분의 벌칙을 주도록 약속하고 그 약속이 지켜졌는지를 판정해주는 정부의 통치 행위가 사법적 판단이다. 민주주의는 국민의 기본권을 정부가 지켜주기로 약속한 정치제도이다. 사법제도가 허물어지면 민주정치는 허물어진다. 정치권력에서 독립된 공정한 사법제도를 갖추는 것이 민주평화질서를 지키는 수단이 된다.

3) 대표성과 전문성을 함께 갖춘 입법기관 구축

빠르게 변화하는 시대 환경에 대응하기 위한 규범체계의 지속적 개선을 위해서는 고도의 전문성을 갖춘 의원들로 구성된 효율적 입법기구가 필요하다. 민주주의 기본 가치가 지켜지려면 그 가치를 수호할 수 있는 규범체계가 마련되어야 하고 그 규범체계인 법제도는 입법부에서 만들어지기 때문에 입법 기구의 기능은 민주정치의 핵심을 이룬다.

민주주의는 구성원의 다양한 요구를 타협을 통해 만들어낸 공동선합의로 현실화된다. 그 타협은 공동체의 의사를 정확히 대표하는 의원들 간의 의견 조율로 이루어진다. 그런 뜻에서 민주정치의 성공적 운영은 의원의 대표성 보장에 달려 있다. 의원의 대표성은 공정한 선거를 통해 이루어진다는 점에서 선거가 민주정치를 가능하게 하는 기본 요소가 된다.

선거에서 가장 문제되는 것은 대중영합주의populism의 극복 문제이다. 투표를 행하는 국민들의 정치의식 수준이 낮은 환경에서는 선전선동에 능숙한 후보가 도덕성, 민주정신, 전문성과 관계없이 다수 득표를 할 수 있게 되고, 무자격자가 의회에 진출할 수 있는 길이 열리게 된다. 사익私益을 앞세우는 정치인들이 자기 이익을 국민의사로 왜곡하는 일이 일어나게 되어 민주정치를 타락시키게 된다. 이러한 대중영합주의를 배제하기 위해서는 입후보자의 도덕성과 공동체 수호 의지, 그리고 전문성을 검증하는 장치가 마련되어야 한다.

현재 성숙된 민주주의에서는 바른 후보를 내세울 수 있는 정당이라는 공직자 충원 조직을 활용하고 있다. '공동의 노력으로 국익 증진을 위해 뭉친 집단'이라 정의되는 정당은 같은 이념 정향을 가진 시민들의 공통이익을 집약하는 기능을 한다. 그리고 선거를 통해 그 이익을 대표할 수 있는 후보를 내세움으로써 주권자의 의사가 국가정책에 반영되게 한다. 정당이 수준 높은 도덕성과 전문성을 갖춘 후보를 의원으로 선출할 수 있게 만들어주면 대중영합주의의 폐해를 줄일 수 있다.

엄격한 조건을 갖춘 헌법기관으로 정당을 법제화하면 대중영합주의의 폐해를 극복하면서 민주정치를 실행하게 만들 수 있다. 21세기적 시대 상황에서 민주정치체제를 생산적으로 운영하기 위해서는 바른 정당 제도를 도입하여야 한다.

민주정치는 다양한 국민 의지를 하나의 공동체 의지로 만들어 내는 정치E pluribus unum인데, 하나로 만드는 타협이 가능하게 하기 위해서는 국민의 의지를 타협 가능한 선택지選擇枝로 묶어 내는 것이 선행되어야 하고 그 일을 정당이 할 수 있도록 해야 한다.

4) 공직자의 전문화

단순 농업 사회 때의 공직자는 민주주의 기본 정신을 이해하고 상식적 수준의 공직수행 능력만 갖추면 임무를 수행할 수 있었다. 토크빌Alexis de Tocqueville은 미국 민주정치체제를 돌아보고 동네 사람들이 모인 회의인 '타운미팅town meeting'이 인민의 뜻을 가까운 곳에서 직접 확인할 수 있는 모임이라며 그것이 최선의 민주주의를 실시하는 장치라고 했었다. 그때는 맞는 말이었다. 그러나 국민의 기대 수준이 높아지고 국가가 수행해야 할 임무가 고도의 전문성을 요하는 21세기의 시대 환경에서는 공직자가 관련 지식과 전문성을 갖추지 못하면 담당 업무를 효율적으로 수행할 수 없다. 이에 따라 공직자 충원 제도의 개선이 불가피해졌다.

맨손으로 농사짓는 마을에서는 누구를 촌장으로 뽑아도 마을 관리를 할 수 있지만, 수 천 명을 태우고 대양을 항해하는 여객선의 선장을 항해술이 없는 여객 중에서 선출한다면 결국 모두가 위기에 빠진다. 능력 검증 없는 공직자 충원은 공동체의 자멸을 가져온다.

이미 선진 사회에서는 기능 영역별로 전문성 검증을 거쳐 담당자를 충원하는 제도가 운영되고 있다. 의사는 일정 수준의 교육을 이수한 후 국가시험을 통해 자격인증을 수여받은 전문가만이 진료 업무가 가능한 제도를 시행하고 있다. 사법 업무 종사자는 국가고시를 거쳐 선발하고 있다. 교원의 충원도 마찬가지이고 군사 업무도 체계적 훈련을 거친 자에게만 맡기고 있다.

그러나 민주정치 제도에서 가장 핵심적 기능을 하는 입법 업무 종사자는 국가의 전문성 공증 제도를 거치지 않고 선거를 통해 충원하고 있다. 후진국에서 민주정치가 정상 가동 되지 못하는 가장 큰 원인 중 하나가 입법 담당 공직자의 도덕성과 전문성의 결여라고 지적되고 있다. 선진 민주국가에서는 정당이 자격 검증을 대행하고 있으나 신생 민주국가의 정당은 그러한 기능을 하지 못하고 있다.

두 가지 방안을 검토해 볼 수 있다. 하나는 중국에서 실시하고 있는 현능주의에 바탕을 둔 공직담당자 충원 방식이다. 중국의 경우 하급 당에서 우수 후보자들을 선정하면 상급 당이 실무 성적을 토대로 공직담당에 적합한 사람을 선발하고 이를 반복하여 최상급 중앙정부의 공직자를 선발하는 방식이다. 문제는 선발권을 가진 상급 기관의 신뢰성 보장이다. 중국과 같은 1당지배체제에서는 최상급 당 조직의 전제적 통제가 가능해지므로 이러한 공직 충원 방식은 1당전제 강화의 수단으로 전락하게 된다는 점에서 문제가 된다.

또 한 가지는 과거의 과거제科擧制처럼 단계별 국가고시와 교육훈련 체제를 운영하여 공직을 충원하는 방법이다. 민주주의의 기본 가치인 평등 원칙에 어긋난다고 하는 주장도 있으나 고시 응시 자격의 평등을 보장한다면 그런 주장은 극복할 수 있다.

민주정치가 성숙되지 않은 신생 국가에서는 선거의 주기에 맞추어 정권이 교체되고 공직자를 새로 임명하는 경우가 많아 공직 수행 과정에서 체득하는 전문성이 제대로 활용되지 못하는 경우가 많다. 능력을 갖춘 공직자의 지위 보장 제도가 병행되어야만 과거제에 의한 충원 방법의 효과를 발휘할 수 있다.

민주정치는 민주주의 기본 가치 수호라는 버릴 수 없는 과제를 수행하기 위해 시대 흐름에 따라 정치제도를 끊임없이 개선해야 안정된 체제로 존속할 수 있다.

어렵게 도달한 이상적 공동체 관리 질서인 '민주평화질서'를 급변하는 21세기적 시대 환경에서 지켜 나가기 위해서는 과감한 제도 개선이 선제적先制的으로 이루어져야 한다. 민주적 기본 가치를 법제화하여 모든 정치 행위의 기본 규칙으로 정해야 하며 이 규칙을 입법 기구, 행정 기구가 존중하도록 감시 및 규제하는 초정치적 사법 기구를 만들어야 한다. 그리고 시대 환경에 맞추어 규범체계를 고쳐 나갈 전문성 있는 입법 기구와 행정부 조직을 만들어 나가야 한다. 이러한 선행적 대응 체계가 갖추어져야 혁명적으로 바뀌어가는 시대 환경에서 민주헌정질서를 지켜 나갈 수 있다.

평화질서 만들기: 민주시민 교육과 현능주의

평화질서는 주어지는 것이 아니다. 국민들이 스스로 만들어야 한다. 평화는 씨를 뿌린 후 계속해서 가꾸어야 한다(to foster peace). 목표 설정부터 바람직한 상태까지 이르는 설계도를 만들고 흔들림 없는 의지와 희생 감수의 노력으로 이루어내야 한다.

공동체의 평화질서가 공동선共同善이라면 그 공동선을 이루어내는 길은 두 가지 뿐이다. 강한 자가 선하거나 선한 자가 강해야 한다. 공동체질서를 유지, 개선해나갈 수 있는 힘을 가진 자가 공동선을 지향하는 선한 사람이면 평화질서를 이룰 수 있다. 또한 공동선을 이루고자 하는 사람이 공동체질서를 이끌 힘을 가지게 되면 평화질서를 만들어 낼 수 있다. 결국 선한 사람이 질서를 관리할 힘을 가질 수 있도록 제도를 마련하는 것이 평화질서 구축을 가능하게 하는 길이다.

두 가지 길이 있다. 공동체 구성원들에게 바른 시민의식을 심어주는 민주시민 교육을 펼치는 것과 바른 정치의식을 가진 사람들이 정권을 담당할 수 있도록 지도자 선출 방법을 창출하는 것이다. 시민교육과 지도자 선출 제도의 구축이 평화질서를 만들 수 있는 길이다.

바른 시민의식을 고취시키기 위해서는, 공동체의 동등한 구성원임을 인정하는 평등사상과 꿈과 능력을 달리하는 개인들 간에 차이를 인정하는 타인 존중 및 배려를 가르쳐야 한다. 또한 모두가 함께 살아가야 할 공동체의 공동선을 존중하여 스스로의 자유의 일부를 희생해서라도 그 공동선 수호에 헌신할 수 있는 아량을 갖도록 교육해야 한다. 모든 구성원이 자기 행위에 책임질 줄 아는 민주시민 의식을 가질 수 있도록 한다면 타협을 통해 다양성을 하나로 묶어내는 민주정치의 기본 틀E pluribus unum을 만들어낼 수 있게 된다.

민주정치는 시민의 정치이다. 시민市民이란 자기 행위의 의미를 알고 결과에 대하여 책임질 줄 아는 국민을 말한다. 국민의 과반수가 시민이 될 때 민주정치는 안정적으로 유지된다.

공무담당자 선출 방법에 있어서 현능주의를 도입하는 것도 고려해야 한다. 주권재민의 평등사상을 존중하여 등가참여 원칙을 지키고 유능한 전문가가 해당 공직을 담당할 수 있도록 공직담당자의 자격 공증 제도를 보완해야 한다. 이 같은 제도가 형성되면 공동체 운영이 높은 수준으로 이루어질 수 있다.

공존의 자발적 합의로서의 평화, 그리고 능력에 따른 공직담당자 선출이 가능한 민주 제도가 결합하면 과학기술의 발전으로 급속하게 변하고 있는 21세기적 삶의 환경에서도 "모든 사람이 푸른 하늘 아래에서 다 같이 웃으며 살 수 있는 세상"을 만들어 낼 수 있다고 생각한다.

정치공동체는 사람이 만들고 운영하는 체제이다. 주권자인 국민의 의식 수준과 능력, 관심, 그리고 공무담당자의 관리 능력이 정치공동체의 건강을 결정한다. 국민의 정치의식을 높이는 시민교육과 유능한 공무담당자의 선임 제도가 민주평화질서의 성공적 운영을 결정하는 요소가 된다.

평화질서를 지키는 힘

동등한 구성원 지위를 서로 존중하는 공동체 구성원의 공존 질서가 민주질서이다. 그런 뜻에서 민주질서는 곧 평화질서이다. 구성원의 격의 평등(平等)과 서로의 다름을 존중하면서 타협에 의한 공존(共存)을 이루어내는 질서가 평화질서이기 때문이다. 평화는 "공존에 대한 자발적 합의"이다.

이러한 질서가 유지되려면 질서를 수호하는 힘이 있어야 한다. 질서는 그것을 깨는 힘과 지키려는 힘의 균형점에서 지켜진다. 그런 힘이 마련되지 않으면 그 질서는 붕괴된다.

국가라는 정치공동체의 질서를 지키는 힘에는 크게 세 가지가 있다. 질서를 파괴하려는 자에 불이익을 주어 도전할 수 없게 하는 강제력coercive power, 질서에 순응하는 자에 대하여 보상을 줄 수 있는 교환력exchange power, 그리고 공동체 구성원의 지지를 얻어낼 수 있는 공동선에 대한 믿음을 뜻하는 권위authority가 그 세 가지 힘이다. 국가는 이 세 가지 힘을 모두 갖추었을 때 정치질서를 지켜나갈 수 있다. 국가는 힘을 가져야 존속한다.

세 가지 질서유지 힘 중에서 가장 중요한 것은 권위이다. 구성원 모두가 동의하는 공동선을 창출하여 유지할 수 있으면 국가가 강제력과 교환력을 쓰지 않고도 정치질서를 유지하는 자율의 정치가 가능해진다. 그러나 현재의 국제정치에서와 같이 국가 존립을 위협하는 외부 세력이 있을 때는 이를 저지할 강제력과 교환력을 갖추어야 나라를 지킬 수 있다.

현실 정치에서는 공동체 구성원이 합의하지 않는 질서를 힘으로 강제하는 전제정치체제도 있다. 선하지 않은 자가 강한 경우이다. 선한 자가 강해야 그 공동체는 구성원 모두가 원하는 질서를 유지할 수 있다.

평화질서는 강한 자가 선하거나 선한 자가 강할 때 지켜진다. 선한 자가 강한 통제력을 가지는 지위에 도달할 수 있도록 제도를 창출하는 것과 이미 강한 힘을 가지고 질서를 장악하고 있는 지배 세력을 선하게 교화시키는 것이 곧 평화의 길이 된다.

제1부

자유 민주 쟁취의 역사

어렵게 만들어낸 평화공동체

구성원 모두가 '인간존엄성이 보장된 자유'를 누리고 공동체질서 유지에의 참여 자율이 보장된 민주정치체제를 만들어내기까지 인류는 오랜 투쟁을 벌여왔다.

가족들이 힘을 모아 함께 삶을 지키던 씨족공동체로부터 절대군주가 지배하는 전제정치체제를 거쳐 공동체 구성원의 자율을 바탕으로 하는 민주공화체제를 만들어내기까지 인류는 수천 년의 투쟁을 벌였다.

자유 민주 정치체제는 어렵게 쟁취한 인류의 귀한 자산이다. "최선은 아니나 현실 사회에서 만들어 낼 수 있는 최선의 제도"라는 자유 민주 체제, 평화공동체의 발전사를 되돌아본다.

자유 민주 쟁취의 역사

어렵게 만들어낸 평화공동체

들어가는 말

인간은 자연질서 속에서 삶의 영역을 넓혀가는 능동적 존재이다. 인간은 시작과 끝을 알 수 없는 시간과 한계가 어디까지인지 모르는 우주 공간 속에서 생겨나 끊임없이 진화해왔다. 그리고 우주를 구성하는 한 생명체로서 인간은 우주 질서의 지배를 받는 존재이다. 그러나 인간은 이 거대한 자연의 일부이면서 자연을 지배하고 질서를 '주어진 조건'으로 삼아 자연을 이용하기도 한다. 그 속에서 삶을 개척해나가고 있는 능동적 존재이기도 한 것이다.

인간은 자연 변화에 수동적으로 따르면서 변하는 무생물이나 진화수준이 낮은 생명체처럼 생명 유지에 필요한 정도로만 자연을 이용하는 존재가 아니다. 자기의 삶의 질을 높이기 위하여 자연을 적극적으로 활용하고 나아가 주어진 자연을 자기 목적에 맞도록 변형시켜가는 존재이다. 인간은 주어진 자연의 내재적 질서를 파악하여 이를 활용하려는 의지를 가진 특이한 존재여서 다른 모든 생명체를 제압하는 지구 생태계의 지배자 지위를 가지고 살아가고 있다.

인간은 제한된 자연 지배 능력을 높이기 위하여 사람들 간의 협동 질서를 만들었으며, 시너지synergy 효과를 극대화하기 위해 공동체들을 만들어 운영해왔다. 인간의 역사는 이러한 공동체의 창설, 관리, 개선의 과정이다. 그리고 여러 형태의 공동체를 통합 관리하는 정치공동체를 만들어 삶의 질을 높여 왔다.

자연은 정체되어 있지 않고 계속 변하고 있다. 이러한 변화에 능동적으로 대응하면 계속 번영할 수 있으나 그렇지 못하면 불행을 자초하게 된다. 인간의 역사는 삶의 환경을 이루는 자연질서와 인간이 인위적으로 만든 사회질서의 변화, 그리고 이에 대응하려는 정치공동체의 변혁 노력의 '변증법적 교호 작용' 기록이다. 한때는 가장 합리적이었던 공동체질서가, 변화한 환경에서는 오히려 삶의 질을 해치는 질서로 전락하여 자멸하기도 하고, 반대로 바뀌는 환경에 선제적으로 대응하여 스스로 개선해나가면 남보다 앞서는 공동체를 만들 수 있다. 그래서 인간의 역사는 수많은 공동체의 흥망성쇠를 겪게 된다.

자연은 인간이 모두 감지할 수 없어도 어떤 원칙에 따라 끊임없이 움직이고 변화한다. 인간은 수천 년 전부터 그 흐름 속에서 크게 두 가지 유형을 찾아냈다. 하나는 선형線型의 흐름이고 또 하나는 순환의 흐름이다. 이 두 가지 흐름이 섞이면 파상波狀 또는 나선형의 흐름이 된다. 선형 변화에서 축적되는 에너지는 그 자체의 그림자에 해당하는 반대의 에너지를 축적해 나가면서, 두 에너지의 대립이 극한에 이르면 이 둘의 모순된 힘을 아우르는 높은 단계의 흐름으로 급변하는 이른바 변증법적인 진행을 가져오게 된다. 럼멜R. J. Rummel 교수는 공동체질서의 변화를 이런 흐름의 종합으로 보았다. 인간의 관심, 소망, 그리고 질서 유지에 대한 의지 및 관리 능력은 공동체질서의 목표 가치이다. 럼멜 교수는 해당 시대의 질서를 형성하는 기대 구조structure of expec-tation에 인간의 소망, 능력 의지가 반영되는데, 환경 변화가 어느 임계점에 도달하면 기존 질서는 붕괴되고 새로운 질서가 출현한다는 '갈등의 나선 진행 원칙The conflict helix principle'을 주장하고 있다. 이러한 질서 변화의 흐름은 중국 역사에서 우리가 보아 왔던 왕조 순환dynastic cycle에서도 확인할 수 있다.

정치공동체는 추구하는 기본 가치, 그리고 그 가치 실현을 위한 제도, 규범과 조직, 힘으로 구성되는데, 흐르는 시간 속에서 지배능력 변화-추구 가치 변화가 일어나면서 제도가 이를 수용하지 못하게 되면 급격한 체제 붕괴를 가져와 하나의 왕조가 멸망하고 새로운 왕조가 등장해왔다.

르네상스 이후 과학기술이 급속도로 발전하면서 인간의 자연 지배 능력이 폭발적으로 신장되었고 이에 따른 인간의 추구 가치도 급격하게 변화했다. 이러한 추구 가치 변화를 수용하지 못한 정치질서가 붕괴되면서 시민혁명이 일어나고 이에 따라 주권재민의 자유민주주의 정치체제가 자리 잡아왔다. 18세기 말 최초의 자유민주주의 정치체제로 미합중국이 수립된 이후 200년 동안 민주주의 정치체제가 전세계적 보편 질서로 정착해오며 21세기에 들어섰다. 그러나 이제는 그 질서가 다시 위협 받는 사태에 이르렀다. 21세기 시대 환경이 현존 민주주의 정치제도를 위협하고 있다. 민주정치의 이념과 제도 간의 갈등이 높아져 정치 위기를 가져오고 있다. 자유와 평등이라는 현대 정치의 두 가지 기본 가치 간 충돌이 사회 파편화 현상을 초래하고 주권재민 원칙에 따른 '등가참여' 투표 제도는 대중영합주의populism의 부작용을 가져오고 있다. 정부 기능 전문화의 필요성 증대와 개방 공직충원 제도 간의 모순, 그리고 대안으로 등장한 현능주의의 반민주화 추세 등으로 온 세계가 혼란으로 접어들고 있다.

삶의 주체는 인간이다. 공동체의 기능은 인간의 삶의 질 향상을 보장해야 한다. 급속한 과학기술 발달로 삶의 환경은 혁명적으로 변하고 있으나 인간 자체는 빠르게 진화하지 않는다. 인간이 인간답게 살고자 추구하는 자유, 평등, 안전, 자아실현이라는 가치들은 쉽게 변하지 않는다. 모든 인간이 '존엄성이 보장된 자유'를 보장받고 번영된 사회를 만들어 유지해야 한다는 '민주평화'의 목표 가치는 당분간 변할 수 없는 보편 가치로 존속할 것이다.

급변하는 21세기적 시대 환경 속에서 민주평화의 보편 가치를 지키는 자유민주주의 정치체제를 어떻게 보완해 나갈까 하는 것이 현재 인간이 당면한 세기적 과제가 되고 있다.

제1부에서는 자유 민주 체제를 확립하기까지의 인간의 투쟁사를 살펴본다. 그리고 공동체질서의 본질을 검토하며 21세기적 시대 환경에

서 보편 가치로 정착한 민주평화의 공동체 가치를 지켜 나가기 위한 정치제도 개선 과제는 무엇인지 짚어 보기로 한다.

제1장 사회적 존재로서의 인간

1. 자연질서 속의 인간의 존재

우리는 우리 자신이 어떻게 존재하게 되었는지 잘 모른다. 인간은 자연의 일부로서 자연을 지배하기도 하지만 자연의 법칙에 따라 행동의 제약을 받는 존재라는 것을 알고 있다. 과학자들의 집요한 탐색 결과의 집합이라 할 '집단지성'의 업적으로 우리는 우주가 138억 년 전에 거대한 폭발big bang로 한순간에 창조되었고 그 이후 지금까지도 계속 팽창하고 있다는 사실을 알고 있을 뿐이다. 그리고 '빅뱅' 직후10^{-36}초 물질의 최소 구성 요소인 쿼크Quark와 글루온Gluon 입자가 생겨나 이 둘이 결합하여 양성자와 중성자가 되고 다시 이들이 결합, 헬륨helium의 핵이 되었으며 여기에 전자가 붙어 원자atom가 생겨났다고 한다. 이 원자들이 핵융합 등을 거치면서 점점 더 무거운 원자들이 탄생했고 이 원자들이 결합하여 분자가 되었으며 이 모든 과정에서 열과 빛이 생겨났다고 한다. 이것이 크로프턴Ian Crofton이 저술한 『빅 히스토리』에 쉽게 정리해놓은 우주 창성 과정이다.

우리는 138억 년 전의 '시간', 그리고 빅뱅이 있기 전 우주 공간의 상태에 대해서는 아직 알지 못한다. 인간의 인식능력 한계로는 다 감지할 수 없다. 다만 '이성적 추리'로 "그럴 것이다"라고 알 수 있을 뿐이다. 인간은 3차원 공간만 인지할 수 있다. 그 이상의 n-

차원 공간은 수학적으로 인식할 수 있을 뿐이다. 우주 공간 밖의 '무한'한 공간에 대해서는 아는 바가 없다. 시간도 마찬가지이다. 시간이 일정한 속도와 한 방향으로 흐른다는 것은 인지하고 있으나 빅뱅 이전의 시간, 그리고 오늘-내일… 이후의 무한 시간도 모른다. 중력이 아주 커지면 시간과 공간도 휜다는 아인슈타인Albert Einstein의 이론은 논리적으로는 그럴 수 있다고 인정하면서도 '감지'할 수는 없다.

핵융합으로 생겨난 물질은 우주 전체로 고루 퍼져 나갔는데 '어떤 불규칙'적 이유로 밀도가 높은 지역이 생성되고 밀도가 높은 곳에서 중력이 발생하여 별들이 생겨났다. 그 별들이 한데 모여 '은하'가 되었고 그 은하 중 하나인 우리 은하 속에 46억 년 전 태양계라는 별 무리가 생겨났다. 태양계에서 태양 주위를 도는 행성들이 몇 개 생겨났는데 세 번째 행성이 지구라고 한다. 태양에서 1억 5,000만 킬로미터 떨어진 궤도를 공전하는 지구는 너무 뜨겁지도 차지도 않은 온도를 유지하여 물이 액체 형태로 존재할 수 있는 이른바 '골디락스 존Goldilocks zone'에 위치하고 있어 생명체가 생겨날 수 있었다고 한다.

생명체라는 것은 자극에 반응하고 성장하며 복제하고 죽는다. 40억 년 전의 지구 환경에서 '우연히' 단세포 생물이 만들어지면서 생명체가 생겨났고 그 생명체가 바로 40억 년 동안의 '진화'를 거쳐 37조 개의 세포로 구성된 인간이라는 것이 진화론 학자들의 주장이다. 40억 년 전에 최초의 유기체인 생명체가 나타난 후 이 생명체는 광합성을 통해 에너지를 얻고 다시 그런 유기체를 먹이로 삼는 초식동물이 생겨났다. 그리고 이런 동물과 식물을 먹는 육식동물이 생겨났는데 이런 동물이 '자연 선택natural selection'의 원리에 따른 선별적 변화로 점점 고등동물로 진화하여 사람에 이른 것이라고 한다. 약 38억 년 전에 시작된 유기체들의 진화는 3억 4,000만 년 전에 파충류의 출현으로 척추동물 시대가 들어섰고, 2억 3,000만 년 전에 시작된 공룡시대, 그리고 그 뒤를 이어 포유동물이 등장하고 6,600만 년 전에 최초의 영장류가 나타났다고 한다. 그리고 2,300만 년 전에 유인원이 등장하고 다른 유인원에서 인간의 조상이 분리된 것은 약 700만 년 전이다. 인간 속屬인 호모Homo가 생겨난 것은 240만 년 전으로, 최초의 인간인 호모 하빌리스Homo Habilis가 나타난 데 이어 호모 에렉투스Homo Erectus가 등장했고 여기서 일부는 네안데르탈인으로 진화했다. 다른 일부는 20만 년 전 호모 사피엔스Homo Sapiens로 오늘의 인간 같은 모양을 갖추어 등장했다고 한다.

과학자들이 구축해온 이러한 지식을 믿는다면 오늘의 인간은 결국 무無에서 무기물을 거쳐 다시 유기물로, 그리고 자연 선택의 진화 과정을 거쳐 오늘의 고등생명체로 진화해온 존재로서, 완전한 자연의 일부이다. 인간은 자연이라는 거대한 시스템의 한 구성소이므로 당연히 자연 현상을 지배하는 자연질서에 묶여 생로병사의 과정을 겪는다. 그러나 아직도 의문이 남는다. 인간은 주어진 자연 조건 속에서 의식적으로 자기 행위를 선택하면서 능동적으로 살아가는데, 그 '의식'이란 무엇인가 하는 것이다. 진화론으로 이해하는 인간에서 아직도 풀리지 않는 것이 영혼이다. 무기물에서 유기체가 생겨났다는 주장과 유기체가 오늘의 인간으로 진화하는 선택을 '자연 선택'만으로 설명하기 어렵다는 점, 그리고 인간을 '주체적 행위자'로 만들어주는 영혼의 형성 과정은 아직도 미지의 수수께끼로 남아 있다.

2. 인간은 사회적 존재다

사람은 의식을 가진 존재이다. 의식이란 행위 선택을 하는 인간의 주체적 판단 능력이다. 의식은 결과를 예측하고 그 결과를 자기가 원하는 모양이 되도록 만든다. 주어진 상황을 판단하여 얻은 기초 지식을 토대로 최선의 행위를 선택하는 주체적 선택 능력이다.

사람은 자연환경과의 관계에 대한 대응수단을 조정하고 선택하는 행위를 하며 살아간다. 이러한 의식이 있기 때문에 자신의 타고난 능력을 초월하는 자연 활용 능력을 얻어 환경에 대응하며 살게 된 것이다. 이러한 의식적 노력의 축적에서 인간은 '자연을 지배하는 존재'로 진화해왔다.

사람을 다른 동물과 구분 짓는 가장 큰 차이는 인간관계를 의식적으로 조정하는 능력이다. 사람은 접촉하는 타인과의 관계를 어떻게 설정, 관리할 것인가를 의식적으로 결정하고 이에 따라 행동한다. 여기서 '인간관계'라는 특수 생활환경이 생겨난다. 일부 다른 고등동물들도 제한된 범위에서 공동체를 이루고 협력하는 사회생활을 한다. 코끼리, 범고래, 늑대 등은 사회생활을 하는 것으로 잘 알려진 동물이다. 그러나 인간처럼 타인과의 관계의 총화로 나를 인식하는 정도까지 이르고 있지는 않다. 시인 김광규金光圭는 그의 시집 『안의 나라』

에 실린 시 〈나〉에서 "나는 아버지의 아들이고, 나의 아들의 아버지고 … 나의 선생의 제자고… 나의 제자의 선생이고… 나의 의사의 환자고 … 나의 집의 가장이다… 오직 하나 뿐인 나는 아니다 …나는 무엇인가 그리고 지금 여기 있는 나는 누구인가"라고 읊었다. 현대 사회에서 "나"는 타인과의 복잡한 관계의 모음總和으로 살아가고 있음을 지적하고 있다. 인간은 환경 인식에서 의식적 판단을 할 뿐 아니라 관계를 바탕으로 한 사회적 존재로서 자기 자신을 인식하고 스스로를 의식한다. 이런 의미에서 인간은 '사회적 존재social being'라 할 수 있고 사회적 존재이기 때문에 공동체를 구축하고 집단생활을 하게 된 것이다.

인간이 다른 동물과는 다르게 발달된 공동체를 만들어 생활할 수 있었던 것은 언어 구사 능력을 가졌기 때문이다. 의사소통이 가능하여 인간은 경험을 공유할 수 있게 되었고 협력과 분업이 가능해졌다. 이를 바탕으로 인간은 여러 형태의 공동체를 만들어 엄청난 시너지 효과를 창출할 수 있게 되었고 지구의 지배자가 될 수 있었다.

언어는 단순히 소통 수단의 기능만 하는 것이 아니다. 언어는 감각 기관으로 감지한 물체와 현상, 사건을 기호화하고 개념화하는 수단으로 발전하여 인간은 사물을 분류하고 유형화할 수 있는 능력을 갖게 되었다. 인간은 언어라는 도구로 사물 간의 관계를 표현하고 지식화할 수 있게 되어 지식을 비약적으로 축적하고 체계화시켜 나갈 수 있게 되었다. 특히 타인과의 관계에서 나는 누구이고 상대는 나와 무슨 관계에 놓여 있는지를 알도록 해줌으로써 '사회적 존재'로서의 자의식自意識이 형성될 수 있었다. 바로 이 자의식이 인간을 동물과 다른 '역사의 주체'로 만들었다.

언어는 의사소통의 도구를 넘어서서 '생각하는 도구ₐ tool for thinking'가 되었다. 사람은 언어로 생각한다. 언어가 발달하면서 보이지 않는 추상적인 것까지 생각할 수 있게 되었고, 형이상학形而上學 영역까지 사고의 영역을 넓혀 '가치'와 정감을 개념화하고 인식하게 되었다. 그래서 '마음mind'이라는 대상에 대한 느낌과 평가도 가지게 되었다. 인간은 의식이라는 행위 선택의 기준을 갖추게 된 것이다.

럼멜 교수는 평생 갈등과 전쟁을 연구하면서 '평화 만들기Waging Peace, Fostering Peace'에 대한 방대한 저서를 남겼는데 본인이 그 연구를 압축하여 쉬운 교재로 발간하면서 책 제목을 *In The Minds of Men*이라고 붙였다. 그는 전쟁, 폭동, 정치전 등의 모든 갈등은 마음, 정신, 의식 등 'mind'간의 충돌이라고 보았다. 나와 타인 사이 관계를 의식하는 마음의 서로 같고 다름에서 협동과 투쟁이 발생한다고 본 것이다. 공동체질서는 결국 인간 의식 간의 관계 조정 장치인 셈이다.

럼멜은 인간의 자의식, 즉 자기 스스로에 대한 인식을 다섯 가지 원칙principle으로 압축, 정리하였다. 첫째는 주관성主觀性, subjectivity 원칙이다. 인간은 오관을 통해 사물을 인식한다. 인식 대상은 객관적 존재이나 인식 주체는 '나'이다. 객관적으로 존재하는 사물을 인식하는 과정에서 자기의 주관적 선택에 따라 색을 입히고 그림을 그려 머릿속에 저장한다. 그래서 "인식은 주관적"이라고 할 수 있다.

둘째는 의도성意圖性, intentionality 원칙이다. 사람은 목표 설정과 성취를 위해 행동하는 의도성을 가진 특이한 존재이다. 사람은 성취하기 위해 행동한다. 모든 행동을 계획 하에 하지는 않지만 잠재적 목표가 행동을 지배한다.

셋째는 자존自尊, self-esteem 원칙이다. 인간 행위의 의도성은 자의恣意적이 아니다. 자기가 선택한 자기의 이상상을 완성하기 위해 행위를 선택한다. 인간은 자존을 위해 행위하는 존재이다.

넷째는 기대期待, expectation 원칙이다. 설정한 목표를 향해 노력하는 과정에서 행위를 결정할 때는 조건과 환경에 대한 기대 속에서 행위의 순서를 결정한다. 성취 가능성을 미리 평가해보고 직면하게 될 방해를 피해 갈 길이 있는지 살피면서 행동한다. 아직 닥치지 않은 미래 조건에 대한 "기대가 행위 선택을 지도한다expectations guide your behavior"는 원칙이 인간 행위에서 발견된다. 자연 현상은 과거의 원인이 현재의 상태를 결정하는 순시간적順時間的 인과 관계의 지배를 받지만 인간의 선택 행위는 아직 일어나지 않은 미래의 '예상 결과'를 기대하고 현재의 행위를 선택하는 역시간적逆時間的 목적적 행위이다.

다섯째는 책임성責任性, responsibility 원칙이다. 사람은 본능에 따라 행동하는 동물들과 다른 존재이다. 인간은 자유 의지, 도덕성, 선택권을 가졌으며 자기가 선택한 행위에 대해서는 스스로 책임을 지는 존재이다. 인간이 이러한 책임성을 가지지 않은 존재라면 공동체질서란 무의미해진다.

인간은 '마음'이라는 특성을 가진 존재여서 다른 동물과 다르고 바로 이런 마음 때문에 사회적 존재가 된다.

공동체는 구성원 모두가 존중해야 하는 공동선과 집단 가치를 가진다. 그런데 그 공동체 집단 가치와 공동선은 다양한 꿈을 가진 구성원들 각각의 추구 가치와 일치할 수 없다. 그 조화 과정이 공동체의 역사이고 이것이 곧 인류 사회의 역사가 되었다.

자연질서와 인간이 만든 공동체질서의 틀 속에서 자기 삶의 영역을 넓혀 나가는 능동적 노력을 펴는 존재가 인간이고 이러한 인간 노력의 기록이 인류의 역사이다.

3. 인간이 추구하는 네 가지 기본 가치

사람은 자연의 일부인 고등동물이라는 생명체로서 자기의 삶을 안전하고 풍요롭게 지키려는 본능적인 추구 가치를 지니고 있다. 또한 타인과의 관계 속에서 확인되는 지위를 가진 사회적 존재로서, 그리고 공동체 소속원으로서 추구하는 가치를 가진다. 사람은 한 번 주어진 삶을 가장 만족스러운 것으로 만들기 위해 이러한 기본 가치를 획득·유지하려 의식적으로 노력하며 살아간다.

1) 안전

인간은 다른 생물과 마찬가지로 삶 자체를 지키는 것을 최고 가치로 삼는다. 생명체인 사람에게는 생명 이상 소중한 것이 없다. 한 번 태어나서 일정 기간 살다 생을 마감하는 존재인 사람에게는 사는 동안 고통 없이 건강한 육체를 지키며 살아가는 것이 모든 것에 앞서는 추구 가치가 된다. 신체의 완전성을 유지하고 모든 위험에서 자기 목숨을 지켜내면서 자신의 연장이라 생각하는 자손을 낳아 길러 영생하고자 하는 것이 생명체로 태어난 인간의 가장 원초적 욕망이라 할 수 있다.

자연은 사람이 삶을 유지하는 데 필요한 모든 것을 마련해주는 한편, 삶을 위협하는 환경이기도 하다. 자연재해, 맹수 등 다른 생명체는 항상 인간의 삶을 파괴하는 위협 요소가 된다. 그리고 생존 경쟁에서 자기가 살기 위해 남을 희생시키는 타인도 인간의 삶을 위협하는 존재가 된다. 인간은 이러한 자연적, 인위적 위협을 막아냄과 동시에 그것을 역으로도 이용하여 삶을 지켜 나간다. 자연적, 인위적 위해 요소로부터 삶을 안전하게 지키는 것이 인간의 가장 소중한 목표 가치가 된다.

2) 풍요

사람이 생명을 유지하기 위해서는 먹을 것, 입을 것, 그리고 살 곳을 확보해야 한다. 의식주에 필요한 최소한의 물자를 안정되게 공급받는 것이 생명체로서 인간이 추구하는 기본 가치가 된다. 삶을 지탱하는 데 필요한 물자를 확보하지 못하면 존재 자체가 불가능하기 때문이다.

인간의 삶을 보장해주는 의식주에는 질적인 면에서 차이가 있다. 죽지 않을 정도의 낮은 수준의 옷, 먹거리, 거주환경 확보로부터 쾌적한 환경을 향유할 수 있는 높은 수준의 물질적 공급까지, 다양한 수준의 의식주 환경이 있을 수 있다. 인간은 당연히 쾌적한 삶이 보장되는 풍요로운 환경을 추구한다. 풍요를 추구하는 인간의 욕망은 생명체로서의 인간이 가지는 보편적 추구 가치가 된다.

3) 자유

사람은 '사회적 존재'이기 이전에 '자기완성적 존재'이다. 다른 생명체의 부속품이 아니다. 자기의 삶을 스스로 관리하는 존재이다. 법구경法句經에서 부처는 "삶의 본질은 스스로에서 유래하고 스스로가 깨닫는다"고 했다. 그것을 한자로 '自由'라고 불렀다. 사람은 자기의 삶을 스스로 계획하고 관리하고 다듬어가고 싶어 한다. 남과 다른 자기만의 삶을 그리며 살고 싶어 한다. 이러한 자유를 누리기 위해서는 다른 사람에 의한 지배에서 벗어나야 한다. '타인의 자의恣意로부터의 해방'이 자유의 소극적 정의이다. 그러나 진정한 자유를 누리기 위해서는 환경이 보장되어야 한다. 그래서 자유를 중시하는 민주주의 정치체제에서는 '인권이 보장된 자유'를 기본 가치로 삼고 있다. '적극적 자유' 개념이다.

사람은 남과 다른 자기만의 삶을 지키고 싶어 한다. 그러나 다른 사람과 함께 사는 공동체 안에서는 무제한의 자유를 누릴 수는 없다. 서로 다른 생각을 가진 사람들이 각각의 다름을 추구하기 때문에 공존이 어려워진다. 그래서 공동체 내에서의 자유는 가장 기초적인 자유의 조건을 서로 지키기로 약속하고 각각 자기 자유의 일부를 양보하는 범위 내에서 자유를 보장한다. 언론, 출판, 집회, 결사의 자유 등을 '불가양의 권리'로 서로 존중하기로 합의하고 구동존이求同存異의 원칙에 따라 자유를 보장한다.

4) 자아실현

사람들은 삶의 주체로서 자기의 꿈을 실천해보고자 하는 욕망을 가지고 있다. 그리고 그 꿈을 실현할 수 있는 조건을 확보하고자 한다. 이것이 자아실현自我實現의 욕망이다. 자아실현의 꿈은 '사회적 존재'로서의 인간이 추구하는 가치이다. 공동체 내 타인과의 관계에서 이루려는 꿈이므로 타인의 협력이 있어야 이룰 수 있는 욕망이다. '자아실현'은 생존을 위한 원초적 욕망이 아니라 공동체질서 속에서 이룰 수 있는 2차적 욕망이고 이는 공동체의 규범, 제도로 보장할 수 있는 것이다. 정치체제를 만드는 과정에서 꿈의 실현 보장 장치를 만들기 위해 노력할 때 문제가 되는 기본 가치이다.

4. 생존을 위한 투쟁과 협동

호모속Homo屬에 속하는 '유인원'은 현존 인류의 조상으로 알려져 있는데 지구상에 등장한 것은 240만 년 전이다. 그 뒤 진화를 거듭하여 호모 사피엔스Homo Sapiens가 나타난 것은 약 20만 년 전이다. 그 이후 인류는 지금까지 육체적으로 큰 변화를 겪지 않았다. 인류는 다른 동물과의 생존 경쟁에서 육체적 우위에 있지도 않으면서 모든 동물을 지배하는 생태계의 지배자가 되었다. 인간보다 크고 강한 동물들과의 투쟁에서 인간이 혼자 싸워 이길 수는 없었으나 다른 동물과 달리 협동을 통해 집단 능력을 키울 수 있었기에 지배적 지위를 차지할 수 있었다.

역할 분담과 협력을 통해 힘을 모으는 '문화'는 사람이 언어 능력을 갖추었기 때문에 만들어 낼 수 있었다. 사람들은 언어로 각각의 경험과 지식을 공유하고 축적하여 '집단지식'을 창출할 수 있었고, 분업과 협동을 통해 자연을 활용하고 지배하는 능력을 만들어낼 수 있었다.

인간은 이러한 협동의 기술로 시너지 효과를 낼 수 있어 물리적으로 강한 동물들도 제압할 수 있었고 나아가 이런 동물들을 사육할 수 있게 되었다. 뿐만 아니라 이렇게 창출한 힘으로 다른 인간 집단을 제압하여 필요한 물자를 쟁취하고 자기 집단의 안전과 풍요를 확보할 수 있게 되었다. 호모 사피엔스의 역사는 협동, 쟁취의 역사로 시작되어 오늘에 이르렀다.

사람은 자의식을 가진 존재이고 자기의 안전 확보와 삶에 필요한 물자를 안정적으로 공급받기를 원한다. 나아가 자아실현의 꿈을 이루려고 노력한다. 인간은 이러한 욕망을 충족하려는 욕구를 가지고 있고 그 욕구를 달성하기 위해 평생 노력한다. 문제는 자기가 가진 제한된 능력으로는 자기 이익을 지키는 데 한계가 있다는 데서 발생한다. 그래서 타인의 도움이 필요하고 그 도움을 얻기 위해 이익을 같이 하는 사람과 협력한다. 또한 결핍되어 있는 것을 확보하기 위해 남이 가진 것을 빼앗으려 한다. 협동과 쟁취가 인간이 공동체를 형성하게 된 기본 동기가 되었다.

모든 포유동물은 엄마를 가졌다는 공통점이 있다. 포유동물은 태어나서 일정 기간 엄마의 보호 속에서 양육되어야 스스로 삶을 이어 갈 수 있게 된다. 모자지간이라는 원초적 공동생활이 공동체의 기초가 되어 이 관계를 기초로 가족, 씨족 집단이 자연스럽게 형성되었을 것이다. 이러한 원시공동체는 인간이 언어를 사용하여 의사소통을 할 수 있게 된 약 15만 년 전쯤 형성된 것으로 추정할 수 있다. 의도적 협동은 역할의 분담이 가능할 때부터 이루어질 수 있기 때문이다. 그리고 언어를 사용할 때부터 자의식 형성이 가능해져 자기 이익과 공동체의 공익을 연계시킬 수 있었고 의식적으로 공동체를 만들기 시작했으리라고 본다.

공동체community는 한 집단의 구성원들이 공동의 목적을 추구하기 위해 만든 조직체이다. 이런 공동체는 구성원 개개인의 생각과는 다른 '집단 전체의 의지'를 가지고 집단적 결정을 하며 하나의 유기체처럼 행위한다. 공동체는 그 자체가 행위 주체가 되고 권리, 의무의 주체가 된다. 그리고 공동체는 더 큰 단위의 공동체의 구성원이 될 수도 있다.

5. 공동체의 진화

공동체는 인간의 집단이다. 공동체는 묵시적, 명시적으로 서로 돕기를 합의하고 공존을 위해 협력하기로 한 사람들의 모임이다. 합의는 자발적으로 이루어질 수도 있고 어느 일방적인 강요로 이루어질 수도 있다. 자기 의사로 능동적으로 가입하기도 하고 떠날 수도 있는 개방적인 공동체도 있고 떠날 수 없는 폐쇄적인 것도 있다. 자기 의사와 관계없이 공동체의 일원이 되어버린 숙명적 공동체도 있고 혜택을 기대하고 자발적으로 가입하는 공동체도 있다. 사람이 살면서 속하게 되는 공동체들의 대표적인 것을 진화 순서에 따라 열거해본다.

1) 혈연에 기초한 생활공동체

모든 사람에게는 엄마가 있다. 인간은 모체를 통해 세상에 태어나고 모친의 양육으로 홀로 살아갈 수 있는 삶의 주체로 성장한다. 엄마와의 관계를 기초로 형성되는 가장 원초적인 공동체가 가족이다. 혈연관계인 부모와 자식, 형제, 친척 등으로 연결된 사람의 집단이 가족이라는 공동체이다. 가족의 범위가 커지면 씨족공동체가 된다. 이러한 공동체의 구성원들은 일상의 생활을 통해 생활양식을 공유하게 된다. 생활양식을 공유한 집단이 어느 정도의 규모로 커지면 부족이 되고 부족사회가 커지면 민족공동체가 된다.

민족은 문화 동질성을 공유한 인간집단을 말한다. 공통의 언어, 관습, 지식을 공유한 민족공동체는 인위적인 조직을 갖지 않아도 공동의 생활양식을 기반으로 공동체 의식을 가지게 된다. 민족공동체의 바탕은 혈연 중심의 씨족집단이다.

민족의식은 국가 등 규범체계를 갖춘 정교한 공동체를 구축하는 기초가 된다.

2) 문화 동질성에 기초한 공동체

혈연에 의한 공동체는 나와 다른 구성원 간의 관계를 '주어진 것'으로 받아들이고 상대를 '나의 연장'이라고 생각하는 의식이 바탕이 되었다면, 문화 동질성에 기초한 공동체는 함께 살면서 공유하게 된 생활양식을 함께 지키자는 생각을 바탕으로 이루어진 공동체이다. 혈연관계가 없는 사람들도 오랫동안 같은 환경에서 살게 되면 문화 동질성을 가지게 된다. 사람은 환경과 나와의 '교호交互' 관계 속에서 살아가기 때문이다. 환경은 자연환경과 인간관계라는 사회 환경을 모두 포함한다. 사람들은 자기가 살아가는 데 마음 편할 수 있도록 환경을 고치려 애쓰고 환경에 영향을 주어 사는가 하면 그 환경의 영향을 받아 나를 환경에 적응시키며 살아가기도 한다. '마음 편하게 살자'는 인간의 본능적 욕구가 이런 삶의 방식을 보편화시킨다.

사람은 친숙한 환경 속에서 '마음의 평안'을 느낀다. 같은 언어를 쓰는 사람과는 마음 편히 교류할 수 있으나 언어가 통하지 않는 사람과의 만남에서는 불편함을 느낀다. 함께 살면서 공유하게 된 사물에 대한 인식 틀, 행동 준칙, 가치관도 집단 구성원들을 마음 편히 살아갈 수 있게 해준다. 이렇게 생활양식을 같이 하는 사람들이 친숙한 환경을 지켜 나가자고 생각하는 '감정'이 문화 동질성에 기초한 공동체를 이루게 한다. 같은 우물물을 먹는 범위의 생활공간을 마을이라 하고 같은 계곡의 물로 농사짓는 범위를 고을이라 불렀다. 걸어 다니면서 자주 만나는 사방 100리 정도 거리 내의 사람들이 모여서 구성한 공동체를 나라라고 불렀다. 이러한 공동체가 모두 문화 동질성에 기초한 공동체이다.

　문화 동질성에 기초한 공동체로, 특수 경험을 같이 하는 다양한 규모의 공동체도 생겨났다. 같은 학교를 다닌 사람들이 모이는 동창회, 같은 취미를 가진 사람들의 동호회 등등 사회생활이 복잡해지면서 많은 공동체가 생겨났다. 그리고 이런 공동체들이 서로 얽혀 사회를 하나로 묶는 그물이 되었다.

　문화 중에서 가장 큰 비중을 가졌던 것이 종교였다. 같은 종교를 믿는 신도들은 그 종교의 가르침, 의식, 가치관을 공유하며 강한 응집력으로 공동체를 만들어냈다. 원시 사회부터 현대에 이르기까지 종교를 바탕으로 하는 공동체는 가장 강한 문화 동질집단으로 성장하면서 인류 역사를 지배해왔다.

　문화 동질성에 기초한 삶의 양식을 지키려는 공동체를 공동사회_{Gemeinschaft}적 공동체라 한다.

3) 공동 이익을 기초로 한 공동체

　공동체 중에는 자기 이익을 얻기 위해 서로 협력하기로 합의하여 인위적으로 만든 것도 많다. 또한 자기 이익을 위해 타인을 강제로 가입시켜 형성하는 공동체도 많다. 과학기술의 발달로 생산 방식이 다양한 기술을 필요로 하게 되고, 전문성을 갖춘 특기자들을 생산에 집단적으로 투입시키기 위하여 사람들은 인위적으로 생산 공동체를 만들기 시작했다. 같은 이유에서 서비스 영역, 그리고 특수 활동을 목적으로도 공동체를 만들었다. 다른 집단과의 무력투쟁을 위하여 군대라는 특수 공동체도 조직하였다.

문명의 진전에 따라 삶의 양식이 복잡해지고 분업-협력의 영역이 확장되면서 생활 집단의 규모가 커졌으며 증대된 집단의 질서를 관리하기 위해 다양한 이익공동체가 등장하였다. 크고 작은 수많은 기업이 출현하여 다양한 생산 활동을 담당하기 시작했고 집단의 관리를 위한 각종 공공기관이 등장하였다. 이러한 기업과 공공기관, 공익단체들이 이익사회Gesellschaft적 공동체가 된다.

이익사회적 공동체들은 공동사회적 공동체와 함께 사회 전체의 질서를 창출하고 관리·유지하는 일을 분담해왔다.

4) 으뜸정치공동체로서의 국가

특정 지역 내에 사는 개인들과 이들이 속한 각종 공동체 모두를 아우르는 하나의 사회가 형성되면 그 사회를 나라라 부른다. 그리고 그 나라가 목표 가치를 실현하기 위한 규범체계와 질서를 갖추고 그 질서를 관리하는 조직을 가지게 되면 국가가 된다. 국가는 해당 지역 내 모든 개인과 공동체를 통제하는 권위와 힘을 가진 최고위의 공동체이며 초월적 조직체이다. 그리고 그 공동체의 질서를 창출, 관리, 운영하고 정치를 행하는 으뜸정치공동체이다.

국가는 관할 영역과 국민, 그리고 이들이 속한 모든 공동체를 지배하는 최고 권위를 가지며 그 권위를 '대내주권對內主權'이라 한다. 그리고 국제사회에서는 누구에게도 종속되지 않는 최고 권위의 행위 주체가 된다. 이것을 '대외주권對外主權'이라 한다. 대외주권을 가진 국가는 오직 다른 국가와 합의한 규범만 존중하는 행위자이다.

정치란 공동체의 질서를 창출, 관리하는 행위이다. 크고 작은 공동체는 모두 자체의 정치질서를 가지고 있다. 그러나 국가가 지배하는 영역 내의 모든 공동체는 국가의 정치질서를 따라야 한다. 그런 뜻에서 국가를 '으뜸정치공동체'라 부르는 것이다.

국가가 으뜸공동체가 된 것은 대부분의 국가가 민족을 단위로 형성된 공동체이기 때문이다. 언어와 '소통'을 통해 생활양식을 공유하는 동일한 문화권의 구성원들이 민족공동체가 되었다. 민족공동체를 형성하는 기초는 혈연, 공통언어, 그리고 종교가 중요한 요소가 된다. 사람들은 분업-협력 체제를 개발하여 개인의 힘으로는 도저히 가능하지 않은 많은 일들을 공동체를 통해 이루어내는데 대개의 경우 친숙한 민족 성원끼리 이러한 공동체를 만들었다. 민족국가가 자연스럽게 탄생하게 된 것이다.

오늘날 교통통신이 발달하면서 소통의 범위가 넓어졌고 인구 몇 백만, 몇 천만 단위의 '민족' 집단이 나타나게 되었다. 공동생활을 오래 함께 하다보면 인종의 차이를 넘어 민족동질성을 느끼는 사람들이 늘어난다. 미국은 여러 나라 출신의 이민자들이 모여 만든 나라이지만 몇 백 년 동안 함께 생활해오며 이제는 인종을 넘어선 '미국 사람'이라는 '민족의식'이 국민의 의식 속에 자리 잡고 있다.

사람들은 공동체가 문화 정체성을 지켜주기를 바라고 그래서 민족 단위의 국가가 으뜸정치공동체로 자리 잡게 되었다.

공동체community와 유사한 개념으로 사회society가 있다. 사회는 공동체처럼 구성원의 권리, 의무 등이 규범화된 조직체는 아니다. 다만 구성원들이 서로 존중하는 행위 양식이 있고, 공통의 이익과 가치를 공유한다고 믿는 인간 집단이다. 사회는 공동체에 비해 느슨한 조직이다. 사회 내의 권력 관계가 규범화되면 공동체로 발전한다.

제2장 국가의 형성과 유형

1. 정치공동체질서의 구성 요소

공동체는 질서를 갖춘 인간 집단이다. 질서order는 사事, phenomena, 물物, things의 시時, time, 공空, space 속에서의 규칙적 배열을 말한다. 사람이 아닌 물체, 사람의 의지적 행위로 인한 현상이 아닌 자연 현상에 관련된 질서가 자연질서이고 인간이 만든 공동체의 질서를 사회질서라 한다. 사람의 시각에서 보면 자연질서는 '주어진 질서'이고 사회질서는 '인간이 만든 질서'이다. 그리고 사회질서를 만들며 관리하고, 필요할 때 고쳐 나가는 행위를 정치政治라 하며 이러한 정치 행위를 목적으로 하는 공동체를 정치공동체라 한다. 국가가 전형적인 정치공동체이다.

국가의 정치질서는 크게 네 가지 요소로 구성된다. 첫째는 국가가 수호하려는 기본 가치이다. 기본 가치라 함은 국가가 추구하는 목표 가치이며 국가의 존재 의의라 할 수 있는 국가 행위의 지도 지침을 말한다. 국가는 이 목표 가치 실현을 위하여 구성원이 따라야 할 규범체계를 만든다. 기본 가치는 초월적 존재인 '신의 뜻'이나 대자연의 섭리, 하늘의 뜻天道이 담긴 가치 등을 바탕으로 한다. 기본 가치는 국가 행위의 준거 틀로 작용한다.

둘째는 목표 가치를 실현하기 위하여 공동체 구성원들이 지켜야 할 규범체계이다. 이 규범들은 목표 가치를 반영하는 근본 규범Grundnorm

에서 연역해놓은 구체적 행위 규범들이다. 규범들의 정당성은 근본 규범과의 논리적 연계에서 생긴다.

셋째는 규범의 실천을 관리할 조직이 있어야 한다. 조직은 기본 가치 실현을 위한 일을 여러 개의 연계된 역할로 나누고, 각각의 역할을 담당할 사람을 찾아 맡기는 것으로 이루어진다.

넷째는 규범이 지켜지도록 만들고 조직이 제대로 작동하게 만드는 힘이 있어야 한다. 힘에는 강제력coercive power, 교환력exchange power, 권위 authority등 세 가지 종류가 있다. 강제력은 규범을 준수하지 않는 자에게 신체적 불이익 등을 줄 수 있는 힘이고 교환력은 질서에 순응하는 자에게 이익을 줄 수 있는 힘, 그리고 권위는 구성원들이 스스로 따르게 만드는 통치자의 언동 등 정당성에 바탕을 둔 지도력 등이다.

크고 작은 모든 공동체는 자체 질서를 가지고 있고 모두 질서의 네 가지 구성 요소를 갖추고 있다. 다만 공동체의 성격에 따라 요소들의 비중이 달라진다. 가령 친목을 위한 공동체인 경우에는 힘 중에서 강제력보다는 교환력이 더 많이 활용되고 종교 단체에서는 권위가 가장 큰 비중을 차지한다.

으뜸정치공동체로서의 국가의 경우에는 기본 가치가 질서 성격을 결정하는 가장 중요한 요소가 되고 조직과 힘이 질서유지의 효율성을 보장하는 결정적 요소가 된다. 목표 가치와 규범, 조직, 힘으로 표현되는 제도와의 관계에서 국가질서의 안정성이 결정된다.

현대 국가와 관련해서는, 국가질서 기본 요소인 가치로서의 이념을 "개인의 삶의 질 향상"으로 해야 한다는 자유주의 가치관과 공동체의 집단 가치에 중점을 두는 전체주의 가치관을 두고 많은 논의가 진행되고 있다. 그리고 규범체계와 관련해서는, 규범 제정 권리가 누구에게 속하는가를 두고 주권재민 사상의 민주 제도를 주장하는가 하면, 집단 가치 실현의 효율성을 위해 엘리트 지배를 역설하는 현능주의적 주장이 있다. 조직에 대해서는 최소한의 규제를 바라는 '작은 정부'론과 정부의 능동적 봉사를 주장하는 '큰 정부'론으로 나뉘고 있다. 질서를 지탱하는 힘에 대해서는 강제력을 중시하는 전제주의, 교환력을 앞세우는 대중영합주의, 그리고 주권재민, 즉 국민의 자율 정신에 역점을 두자는 민주주의 주장 등이 경합하고 있다.

2. 국가공동체의 진화

국가 단위의 정치공동체는 구성원들이 가장 소중하게 여기고 추구하는 가치와 목적에 최대한 부합하는 형태를 갖추어 왔다.

인간은 생물체이기 때문에 생명을 지키는 일, 생명 유지에 필요한 식량 등의 물질적 소요 충족을 우선적으로 추구한다. 그리고 이러한 생리적, 안전 욕구를 어느 정도 충족하게 되면 '사회적 존재'로서의 추구 가치 실현을 바라게 된다. 예를 들어 인간존엄성이 보장된 자유라든가 자아실현의 여건 확보 등을 추구하게 된다. 이와 같이 국민이 추구하는 가치는 환경 변화에 따라 안전, 물질적 충족, 자유, 자아실현의 환경 등으로 '고급화' 된다.

국가공동체는 이와 같이 변화하는 구성원의 요구, 즉 국민의 요구에 맞추어 그 요구 충족에 적합한 형태로, 그리고 효율적 기능을 발휘할 수 있도록 진화해왔다. 원시시대 환경에서 맹수의 위협과 자연재해 등으로부터 생명을 보호하기 위해서는 공동체 구성원의 단합과 집단적 방어가 가능한 조직을 가져야 살아남을 수 있었다. 나아가 다른 인간 집단의 위협에서 스스로를 지키기 위해서도 시너지를 극대화할 공동체를 잘 조직하여 유지해야 했다. 그래서 대부분의 원시 사회에서는 강한 지도자의 절대적 권위를 앞세운 전제적 정치공동체가 생겨났다.

제한된 자원을 두고 다투는 환경에서는 생존을 위해 타 경쟁 집단과 싸워 이길 군사력 조직 정치제도가 필요했고, 그렇기 때문에 강권을 행사하는 군주가 전제적으로 공동체를 통치하는 절대군주제가 탄생하였다. 역사 시대가 시작된 약 5천 년 전부터 20세기에 이르기까지 동서양을 막론하고 거의 모든 국가가 절대군주제로 존속해왔다. 부족한 물자를 외부에서 쟁취하여 자국으로 옮겨와야 사용할 수 있는 농업정착민 중심 국가도, 반대로 필요한 물자가 있는 곳으로 찾아가 사용하는 유목 국가도, 쟁취와 수호의 힘 극대화를 위해서는 사회 역량을 최대한 국가 목적에 동원할 수 있는 전제적 정치제도가 절대적으로 필요했다.

군사력이 잘 조직된 강대한 군주국가는 다른 나라로부터 많은 자원을 쟁취하여 자국민을 부유하게 만들었다. 그러나 역설적으로 이러한 강대국에서 전제정치를 반대하는 시민혁명이 일어나기 시작했다. 외국에서 쟁취한 부富의 분배로 국민들이 물질적 욕구를 충족하게 되면서 그다음 차원의 가치인 '인간존엄성이 보장된 자유'를 요구하기 시작했기 때문이다.

제국주의 정책으로 식민지를 개척, 착취하고 자국민을 부유하게 만들었던 절대군주 국가의 전제정치체제는 국가의 쟁취 능력 확보에는 편리하였으나 국민의 자유 등 기본 인권을 침해하는 체제였다. 그래서 역설적으로 시민혁명은 이러한 체제를 가진 나라에서부터 먼저 일어나기 시작했다. 영국, 프랑스 등 16세기부터 제국주의의 선두 주자로 나섰던 절대군주국에서부터 시민혁명이 일어났다. 시민들의 요구는 '인간존엄성이 보장되는 자유'였다. 이 요구는 절대군주제의 해체였다. 주권재민 원칙에 따라 시민참여 보장의 민주정치체제를 세우자는 요구였다.

시민혁명은 1789년의 프랑스혁명이 기폭제가 되고 같은 시기 최초의 민주주의 국가로 탄생한 미합중국 등이 견인차가 되어 200년간 진행되었다. 그 결과로 20세기 말에 이르러서는 전세계 국가의 65%에 해당되는 120개 국가가 민주주의 정부를 가지게 되었다. 20세기 후반에만 해도 많은 국가들이 민주화의 변화를 겪었다. 그리스(1974), 스페인(1975), 아르헨티나(1983), 브라질(1985), 대한민국(1987), 칠레(1989) 등에서 전제정부를 가진 국가들이 모두 시민혁명을 거쳐 민주정부의 국가로 재탄생하였다.

후쿠야마 교수는 이런 시민혁명의 추세를 보면서 '역사의 종언'이라는 주장을 폈다. 인류의 역사는 인류 해방의 역사인데 자연 위해로부터의 해방-신으로부터의 해방-세속 절대군주로부터의 해방을 거쳐 드디어 인간 해방 종착역에 도달하였으므로 역사의 발전은 끝났다고 본 것이다. 그러나 '하늘 아래 변하지 않는 것이 없다'라는 말처럼 정치체제 변화에도 끝은 없다. 삶의 환경은 끝없이 바뀌기 때문이다.

시민혁명으로 극대화된 시민의 자유는 시간이 흐르면서 사회 파편화라는 새로운 문제를 가져왔다. 제약 없는 자유를 생산체제에 적용하면 '빈익빈貧益貧 부익부富益富'의 현상이 일어나고 그 결과로 사회는 가진 자와 가지지 못한 자라는 계급으로 나뉘게 된다. 인간의 능력은 모두 같지 않은데 무제한 경쟁을 허용하면 빈부의 차이가 심화될 수밖에 없다. 그리고 절대적 빈곤은 면했다하더라도 '상대적 박탈감'이라는 '덜 가진 사람들'의 불만은 쌓여가기 마련이다. 이러한 현상이 등가참여의 보장이라는 민주 제도의 도입과 합쳐지면 다수의 불만 세력에 의한 계급 혁명이 가능해지고 정부가 개인의 경제적 자유권을 박탈하는 전체주의적 경제체제가 등장하게 된다. 이미 러시아, 중국 등 후진국에서 소수정예의 볼셰비키들이 조직적인 공산혁명을 성공시켜 전체주의 국가들이 등장했지만, 21세기에 들어서서는 '대중영합주의'의 물결 속에서 민주화되었던 나라에서도 계급 혁명이 일어나고 있다.

3. 국가공동체의 유형

으뜸정치공동체인 국가를 몇 가지로 분류해본다. 정치공동체는 '목표 가치'와 가치 수호를 위한 질서 규범체계를 누가 만들며 집행하는

가에 따라 몇 가지 유형으로 분류해 볼 수 있다.

1) 전제국가

국가 목표의 지정, 해석의 권한과 규범 제정, 집행의 권한을 지배자가 독점하고 있는 정치체제가 전제체제autocracy이다. 통치자는 누구에게도 책임지지 않고 오직 자기 스스로의 판단에 따라 통치한다.

전제정치의 논리는 구성원 전체를 위한 최선의 결정은 가장 우수한 사람이 하는 것이 합리적이라는 것이다. 구성원들은 각각 다른 생각과 욕구를 가지고 있어 공동체 전체의 의사와는 차이가 있을 수 있다. 그렇기 때문에 모두를 그대로 반영할 수는 없고 가장 현명한 지도자가 전체를 위해 판단하고, 다른 구성원들은 지도자의 판단에 따라 행위를 선택하도록 하는 것이 최선이라고 주장한다.

또 한 가지 논리는 초월적 존재인 신으로부터 통치에 대한 권한을 부여받은 특수 신분의 사람이 통치해야 하고, 그 신분을 승계 받은 정통성 있는 사람이 통치하는 것이 당연하다는 주장이다. 북한은 통치권을 세습하는 것이 정당하다고 주장하는 '백두혈통'론을 주장하고 있다.

통치 이념과 관련해서 본다면 진리의 절대성을 믿는 교조주의는 전체주의를 낳게 된다. 그 전체주의를 실천하기 위해서는 원칙을 가장 정확히 반영할 수 있는 전제적 조직이 바람직하다는 주장이 제기되고 이것이 전제정치 제도의 바탕이 된다.

21세기에 들어서면서 전제정치는 몇몇 특수한 국가들에서만 발견

할 수 있는 희귀성을 보이고 있다. 오랫동안 추장 지배 절대군주제를 유지해왔던 아랍 지역의 부족 국가들이 현대 국가로 성장하면서도 전통적 왕권을 세습하고 있다. 왕권 세습의 전제정치체제가 지금도 유지되고 있는 것이다.

또 다른 부류의 전제정치 국가로는 공산혁명을 거쳐 공산당 1당지배 체제를 갖춘 국가들이다. 러시아 및 동유럽 제국처럼 공산주의 1당지배 전제정치를 하던 대부분의 나라들은 1980년대의 페레스트로이카 혁명을 거치면서 탈전제주의 흐름에 합류하였다. 그러나 북한은 세습 왕조시대의 전제정치체제로 변질되어 가고 있고, 중국은 현능주의를 내세워 후진성 극복의 '과도적 장치'로 1당지배 전제주의를 정당화하고 있다. 자국의 특수 사정을 정당화 논리로 내세우고 있다.

2) 민주국가

국가라는 정치공동체는 구성원의 자율체제여야 한다는 주권재민 사상에 기초한 것이 민주정치체제이다. 미합중국 헌법에서 밝힌 "모든 인간은 신에 의해 동등하게 창조되었다"라는 정신을 앞세워 다스림을 받는 사람과 다스리는 사람이 같아야 한다는 '치자와 피치자의 동일성'을 보장하는 통치 조직으로 내놓은 것이 민주정치체제이다.

민주정치체제에도 여러 가지 유형이 있다. 주권자로서 국민이 국가의사 결정에 참여하는 방법이 여러 가지 형태를 가지게 되기 때문이다.

주권자의 민주참여 방법은 보통 선거-투표 방식을 택한다. 투표로 나타난 국민의 뜻을 국가의사로 삼으면 된다는 생각에서이다. 그러나 다양한 의견을 가진 주권자의 의사가 하나로 모여질 수가 없기 때문에 투표의 의미에 대해 상이한 의견들이 나오고 있다.

첫째는 기계적으로 다수 의견을 따르자는 주장이다. 이른바 '다수결 절대주의majoritarianism'이다. '가장 옳은 국가 의사'는 하나 있을 것이고 투표에 나타난 다수를 그 의사로 보자는 주장이다. 절대 진리의 발견 수단으로, 수학의 확률론에서 말하는 대수의 법칙大數法則을 받아들여 다수 투표를 절대 진리라고 보자는 것이다. 이 논리에 따르면 채택된 결정은 진리이므로 옳은 것이고 다르게 표를 던진 사람은 "틀린 생각을 가진 사람"이 되는 것이다. 이런 주장을 내세우는 민주주의 이론이 신민주주의라 부르는, 공산국가가 주장하는 사이비 민주주의이다.

피조물被造物에 불과한 인간은 불완전한 존재여서 절대 진리를 발견할 수 없다고 보는 시각도 있다. 국가 사회 전체의 의사 결정에서 필요에 의해 자신의 의견을 투표로 표현하지만 그것이 곧 '제일 좋은 것'이라는 보장은 없다. 다수와 소수의 의견은 서로 다를 뿐 어느 것도 절대 진리란 보장은 없다. 다수와 소수는 오직 '의견의 다름'만을 의미할 뿐이고 국민의 의견을 타협하는 과정에서 여러 의견의 분포를 반영하는 자료가 될 뿐이다. 이러한 주장이 '진리의 상대성'론이다. 주권재민 사상을 가장 정직하게 반영하기 위해서는 역시 '진리의 상대성'을 따라야 할 것이다. 소수 의견도 틀린 것이라 할 수 없어 국가의사 결정에서 배제되어서는 안 되며 타협을 통해 최종 의견에 부분 반영되어야 하기 때문이다. 이것이 자유민주주의의 논리이다.

기계적, 획일적 다수지배 원칙의 신민주주의를 따르게 되면 다수의 횡포, 또는 다수의 독재가 가능해진다. 이럴 경우 다수 의견으로 소수자의 권리가 박탈될 가능성이 높다. 다수의 횡포로부터 소수의 권리를 지켜주는 '소수자 보호 원칙'이 헌법에 규정되어야 그 헌법을 자유민주주의 헌법이라 할 수 있다. 자유민주주의는 소수자와 다수자의 기본권을 똑같이 보호하는 민주주의이다.

21세기의 국제사회를 이루는 나라들 중 몇몇 1당지배 신민주주의 국가들을 제외하고 모든 민주주의 국가는 자유민주주의이다. 자유민주주의의 시각에서 보면 다수결 절대주의는 민주주의가 아니다. 신민주주의는 '사이비 민주주의'로 분류된다.

3) 계급독재국가

중국은 자기들의 정치체제를 '인민민주전정人民民主專政' 체제라 부르고 있다. "인민계급 내의 민주주의, 반동계급에 대한 인민계급의 독재"를 표현하는 말이다. 프롤레타리아 계급을 구성하는 노동자, 농민, 근로인테리 등 인민 계급 내에서는 다수지배 원칙이 지켜지는 민주주의를, 그리고 비노동 유산계급에 속한 반동계급에 대해서는 인민계급이 전제적으로 통치하는 전정專政을 실시하는 복합 구조의 민주주의이다. 중국 공산당은 마오毛澤東의 글을 통하여 전체 구성원이 모두 인민이 되는 날까지 과도적으로 이러한 인민민주전정제도를 유지한다고 했다. 그리고 이를 본뜬 북한도 '조선민주주의인민공화국' 헌법에 "주권은 근로인민에게 있다"라고 규정하고 "로동자, 농민, 군인, 근로인테리"를 인민으로 규정함으로써(제4조) 인민이 아닌 계층에 속하는 이들은 주권 보유자로 보지 않는다.

21세기에 들어서면서 공식적인 계급 국가는 이제 거의 없어지고 있다. 과거 귀족계급에 의한 집단독재를 행하던 국가들도 형식적으로는 모두 사회 구성원을 똑같은 주권자로 규정하는 형식을 갖추고 있다. 그러나 일부 후진 왕조 국가 중에서는 아직도 귀족계급에 의한 전제 정치를 행하는 나라도 있다.

제3장 21세기 시대 환경과 정치공동체

1. 전체주의-전제주의 정치공동체의 등장과 민주화의 새 흐름

인류의 역사는 인간이 만들어낸 공동체 진화의 역사였다. 인간은 공통이익 추구를 위한 집단을 만들어 분업과 협동이 가능한 공동체로 발전시켰다. 공동체를 이용하여 인류는 개인이 할 수 없는 어려운 일을 할 수 있게 되었고 다른 동물을 지배하며 지구의 지배자로서 번영을 누려 왔다. 그리고 환경이 변하면 그에 맞추어 공동체질서를 개선하고 인류 문명을 건설해 왔다. 인류는 필요할 때마다 그 필요에 맞는 다양한 공동체를 만들고 이를 하나의 질서 체계에 묶는 국가라는 정치공동체들을 건설하여 오늘의 인류 사회를 관리해 왔다. 그런 뜻에서 인류 사회의 현대사는 각 국가의 역사와 국가들이 모인 '국가들의 사회', 즉 세계 공동체의 역사라 할 수 있다.

공동체는 존재 목적인 공동체의 기본 추구 가치와 그 가치를 실현하기 위한 제도, 그리고 그 제도를 뒷받침하는 힘으로 구성되는 질서를 갖춘 인간 집단이다. 그래서 내세운 목표 가치가 변하거나 제도와 힘이 제대로 작동하지 않게 되면 공동체질서가 붕괴되는 위기를 맞게 된다. 시대 흐름 속에서 질서 구성 요소가 변하거나 요소 간의 조화가 깨어지면 질서는 새로운 균형점을 찾아 진화하거나 질서 자체가 붕괴하게 된다. 이러한 공동체의 생성, 성장, 노쇠, 붕괴 과정이 진행되면서 인류 사회는 꾸준히 변해 왔다.

국가 중심 정치공동체가 만들어진 이후의 인류 역사는 바로 이러한 국가들의 흥망성쇠에 대한 역사라 할 수 있다. 하나의 왕조가 출현하면 수세기 동안 흥망성쇠를 겪다가 새로운 왕조로 대체되는 이른바 왕조 순환dynastic cycle이 이어져 왔는데 중국의 예를 보면 하夏나라, 은殷나라, 주周나라 시대부터 20세기 말의 청淸나라까지 25번의 왕조 순환을 기록하고 있다.

전세계가 하나의 삶의 터전으로 된 21세기에는 약 200개의 국가들이 모두 급격한 질서 변화를 겪고 있다. 폭발적으로 진행되는 과학기술의 발전이 가져온 엄청난 힘이 그동안 유지해오던 정치질서의 변화를 강요하기 때문이다. 대부분의 나라에서 정치질서가 점진적 환경 적응 능력을 넘는 충격을 수용할 수 없어 정치적 안정을 유지하지 못하고 있다. 모든 국가가 정도의 차이는 있지만 모두 혁명적 질서 개편 도전을 받고 있다.

과학기술의 발전은 생산양식과 생활양식을 바꾸어 놓고 있으며 이에 따라 사회 구성원들의 추구 가치가 달라지고 국가가 제공하는 서비스에 대한 요구가 달라지고 있다. 그리고 구성원들은 다양한 이익을 추구하기 위해 수많은 공동체를 자율적으로 만들어 집단이익 성취를 위한 투쟁을 벌이고 있다. 국가들은 새로 제기되는 크고 작은 집단들의 요구를 조화롭게 수용하는 제도 개선을 위해 노력하고 있으나 요구와 제도 개선 간의 조화를 제대로 이루어 나가지 못하면 체제 위기를 겪게 된다. 그리고 국가라는 공동체의 질서가 붕괴되는 사태를 맞이하게 된다. 과학기술 수준과 정치공동체 유형과의 관계에 초점을 맞추어 역사를 되돌아본다.

1) 국가 간 생존 경쟁과 전제정치체제

시민혁명이 시작되던 18세기 이전까지의 긴 인류 역사는 민족국가 간 생존 경쟁의 역사였다. 단순한 농업, 목축으로 먹고 살던 시대에는 식량 등 생존에 필요한 물자를 안정되게 확보하는 것이 가장 중요한 과제였고 다른 집단으로부터 영토와 필요한 물자를 쟁취하는 것이 가장 확실한 방법이자 선택이었다. 빼앗고 지키는 전쟁은 생존 수단이 되었으며 그런 환경에서 공동체의 가장 중요한 과제는 구성원의 생명과 재산의 보호라는 안전보장, 그리고 다른 집단과의 투쟁에서 이길 수 있는 군사력을 유지하는 것이었다. '부국강병'이 국가의 제일 중요한 목표였다.

과학기술 수준이 낮은 상태에서 무기는 칼, 창, 활과 같은 개인 무기뿐이어서 군사력의 크기는 무기를 든 인원수로 결정되었다. 그리고 생산양식도 단순 노동 수준이어서 노동에 동원할 수 있는 인원의 수가 생산량을 결정하였다. 그리고 전투병을 동원하기 위해서는 일사불란한 통제가 가능한 전제정치체제가 불가피하였다. 국가는 생존 경쟁에서 이기기 위해 많은 인구와 자원 확보가 용이한 전제적 동원 체제를 선호했다. 전투력과 생산력이 노동의 양에서 결정되던 시대, 즉 인류문명 시작부터 산업혁명이 일어나던 17~18세기까지 세계 모든 지역의 국가는 전제정치체제를 유지할 수밖에 없었다. 공동체 구성원들도 안전과 생존에 필요한 물자 확보가 최고의 추구 가치이던 시대여서 이러한 체제를 수용하였다.

과학기술 발달로 산업혁명이 일어나면서 전쟁 양상과 생산양식은 크게 달라졌다. 전투력은 병사의 수보다 파괴력이 큰 무기의 확보로 결정되고, 국가의 부는 공업 생산 투입 자원과 높은 기술 수준의 노동력 확보로 결정되었다. '노동의 양'에서 '노동의 질'이 국력을 결정하는 시대로 접어든 것이다. 이러한 시대 환경에서 식민지 쟁탈의 제국주의 시대가 시작되었다. 포와 전차, 전함을 만들기 위한 자원과 공업 발전 투입 자원 및 노동력 확보를 위해 식민지 지배가 절대적으로 필요했으며 식민지 쟁탈이라는 제국주의 전쟁이 일상화되었다.

제국주의 시대에도 부국강병이 국가의 가장 큰 과제였고 이에 따라 힘의 집중을 위한 전제정치가 보편적인 국가통치 체제로 자리 잡았다. 그러나 제국주의 시대에 강성대국으로 성장한 패권 국가들은 안전과 풍요라는 구성원들의 1차적 추구 가치를 충족시키게 되었고, 이에 따라 통치체제의 개선 여유를 가지게 되어 처음으로 체제 민주화라는 새로운 실험을 하기 시작했다. 국민들이 안전과 풍요를 넘어 '인간존엄성이 보장된 자유'를 요구하기 시작했기 때문이다. 뿐만 아니라 노동의 양보다 질이 중요해진 시대에는 국력 증강을 위해서라도 자율적 노동 참여의 질 높은 노동 인력이 필요해졌고 노동의 질 확보에는 민주체제가 유리했다.

최초의 민주주의 정치체제를 갖춘 국가가 미국에서 출현하게 된 것은 우연이 아니다. 미국은 대서양과 태평양이라는 자연적 방책防柵으로 외부로부터의 위협에서 비교적 자유롭다는 지정학적 이점을 가졌다. 남북미 대륙의 지역 패자region hegemon로 올라선 미국은 외부로부터의 위협에서 자유로워 국민의 자유 요구 수용이 가능한 민주적 통치체제를 채택할 수 있었다. "모든 인간은 동등하게 창조되었으며 모두가 인간존엄성이 보장된 자유를 가졌다는 믿음"을 수용하고 주권재민의 민주주의 이념을 헌법으로 채택하여 1776년 미국 국민들은 인류역사 최초의 민주주의 국가를 건설하였다.

미국에서 최초의 민주주의 국가가 출범할 수 있었던 것은 '서부'라는 광대한 미개척 농토가 있었기 때문이다. 미국이 독립하던 18세기 인류 사회의 지배적 생산양식은 인력과 동물의 힘을 이용한 농업이었다. 땅과 노동력이 생산의 주된 요소였다. 미국은 유럽 제국과 비교할 수 없을 만큼 미개척의 넓은 농토를 가지게 되어 부지런하기만 하면 땅을 확보할 수 있었다. 또한 '노예시장'을 통해 아프리카에서 값싼 노동력을 쉽게 확보할 수 있었다. 미국은 유럽 어느 나라보다 풍요를 즐길 수 있었다. 안전과 경제적 풍요를 갖춘 미국 시민들이 그 다음 단계의 인간 욕구인 '인간존엄성이 보장된 자유'를 추구하기 시작한 것은 당연하다.

민주정치는 '주권재민'의 원칙을 존중하여 국가의 중요 의사결정에 국민 참여를 보장하는 정치체제이다. 과학기술 수준이 낮아 산업화가 본격적으로 시작되기 이전의 농업 사회에서는, 정치공동체의 집단의 사결정에서 국가정책은 전문 지식이 없어도 일반적 상식을 가진 시민들도 판단할 수 있는 것들이었다. 미국은 독립 과정에서 시민의 등가참여^{等價參與}로 국정 참여 의원을 선출한다는 민주참여 제도를 채택하였다. 물론 사회 구성원 모두에게 참정권을 부여하지는 않았다. 노예와 세금을 내지 않는 서민, 그리고 여성을 제외한 '보통선거'였다.

미국에서 시작된 민주정치체제는 유럽 선진국의 국민들에게도 큰 자극을 주었다. 이미 르네상스를 거치며 만민평등 사상이 번지고 있던 프랑스, 영국 등에서 '시민혁명'의 물결이 일어났고 서유럽의 여러 나라로 번져 나갔다. 그러나 민주국가의 탄생은 20세기까지 미루어졌다. 전제군주체제의 뿌리가 깊었고 식민지 쟁탈전이라는 국가 간 생존 경쟁이 격심한 시대였기 때문이다. '부국강병'의 가장 효율적 수단인 전제적 통치권에 의한 동원 체제 유지를 위해서는 전제군주제를 쉽게 포기할 수 없었다.

2) 공업화와 다양한 이익공동체의 등장

과학기술 수준이 급격히 높아진 19세기에 들어서면서 서유럽 선진국에서는 기계가 인간의 단순 노동을 대체하는 공업화가 급속히 진행되었다.

기계 설비를 사용하는 새로운 생산양식인 공업생산체제는 공장과 설비 확보를 위한 자본, 기계의 동력, 원자재 등의 자원, 기계를 작동하는 인력 등이 하나로 모아져야 가동하는 생산양식이다. 생산양식 구조 변화로 인해 사회 구성원은 자본과 자원을 공급하는 생산 수단의 소유자인 '자본가'와 노동을 공급하는 임금노동자 집단으로 나뉘었다. 그리고 이들 간의 이익 상충으로 사회 갈등이 높아졌다. 또한 기술 수준이 고도화할수록 단순 노동자가 아닌 특수 기술을 가진 전문 노동자 수요가 증대되었다. 이처럼 생산양식이 변하면서 이익을 달리하는 사회 집단들이 형성되기 시작하였으며 이런 집단들은 공동이익 추구에 효과적인 투쟁을 할 수 있도록 '이익공동체'로 조직을 갖추었다. 노동조합, 경영자들의 연합체 등이 생겨났고 갈수록 이익 범위가 세분화되면서 이익공동체도 다양화되었다.

자유와 평등이라는 민주주의 가치를 내세우고 사회 구성원 모두가 주권자로서의 정치참여를 강하게 주장하게 된 민주주의 흐름과 산업화의 진행으로 출현한 자본가와 노동자 계층의 이해가 상충하기 시작하면서 선진공업국 사회는 새로운 사회 갈등을 겪기 시작하였다.

새로운 생산양식에서 형성된 자본가와 노동자들 간의 관계를 정부의 개입 없이 자율에 맡겨두면 힘의 우위를 가진 자본가들과 '대체 가능한 단순 노동력'만을 제공할 수 있는 노동자 간에는 '빈익빈 부익부'의 현상이 지속되어 사회 전체를 가진 자와 가지지 못한 자로 갈라놓는 사회분열 현상을 가져오게 된다. 19세기 말 선진공업국에 있어서는 국가 전체 부의 90% 이상을 소수 자본가들이 독점하는 사태가 벌어지게 되었다. 이런 흐름 속에서 국가공동체의 공익公益과 구성원들의 사익私益 또는 특정 집단의 집단이익의 조화를 모색하는 정치공동체 운영 원리에 대해 개혁 요구가 나오기 시작하였다.

3) 전체주의-전제정치체제의 출현

산업혁명의 진행으로 '노동의 양'보다 '노동의 질'이 국력의 기초가 되는 시대에는 국민의 자율적 노동 참여가 국력 신장에 효율적이었다. 과학기술 발전은 창의創意에서 이루어지는데 창의력은 자유로운 인간만이 발현해낼 수 있기 때문이다. 그래서 국가의 안전을 걱정하지 않아도 좋은 패권 국가들부터 국민의 자유를 확대하는 민주주의 정치체제를 선택하기 시작하였다. 영국과 프랑스가 미국의 뒤를 따라 민주주의 통치체제를 선택함으로써 민주혁명의 시대가 열렸다.

그러나 여전히 노동의 질보다 양이 경제의 주축을 이루는 후진적 공업 국가에서는 노동자-농민이 국민의 절대다수를 차지하였고 이들은 자기들의 권익을 국가가 보호해 줄 것을 강력히 요구하기 시작했다. 그리고 개인의 이익보다 공동체 전체의 공익公益을 앞세우고 공동체 전체의 부를 모든 구성원에게 배분해줄 것을 주장하는 사회주의 이념이 강한 설득력을 가지기 시작했다.

사회주의는 국가공동체를 하나의 유기체로 보고 '전체가 살아야 부분도 산다'는 믿음을 앞세우는 공동체 이익 우선의 이념이다. 그런 뜻에서 사회주의는 공익 우선 전체주의totalitarianism를 지향하게 된다.

국가를 하나의 유기체로 보면, 구성원이 신뢰하는 가장 유능한 지도자가 의사결정을 담당하는 것이 전체를 위해 바람직하다는 전제정치가 논리적으로 타당해진다. 그래서 전체주의는 전제주의와 쉽게 결합된다.

공업화가 급속히 진행되면서 선진국 사회에서는 빈익빈 부익부가 초래하는 공동체 붕괴 현상을 막기 위해 과감한 정치 개혁이 시작되었다. 국가공동체의 공동 이익을 개인 이익에 앞세운다는 사회주의적 가치관이 보편화되어 사회주의 혁명이 시작되었으나 개인 자유와의 조화를 모색하는 방법의 차이에서 크게 두 가지 유형의 집단주의로 개혁이 진행되었다.

우선 자유주의 이념을 앞세운 나라에서는 자유민주주의 정치체제를 택하였다. 타협을 통해 다양한 개인 의사를 하나로 귀납, 국가의사를 결정하는 체제이다. 개인은 모두 신에 의해 동등하게 창조되었으나 완전하지 못한 피조물被造物에 불과하므로 어느 개인의 의견도 진真이라고 하기 어렵고, 다양한 의견 분포를 반영, 타협점을 찾아가며 국가공동체를 운영해야 한다고 생각했다. 영국이나 프랑스 등은 이러한 자유민주주의의 기본 틀 속에서 사회주의적 요구를 수용해 나가고 있다.

그러나 절대주의 가치관을 내세우는 파시스트, 나치스, 레닌주의자들의 접근 방법은 다르다. 이들은 모든 인민이 참가하여 투표로 의사 표시를 하게 하고 최다수 의견이 발견되면 그 의견을 진리로 결정하여 다른 모든 의견을 틀린 것으로 선언한다. 이럴 경우 채택되지 않은 '소수 의견'을 가진 구성원은 잘못된 생각을 가진 자로 탄압받게 된다. 20세기 전반에 출현한 독일의 국가사회주의, 즉 나치즘Nazism, 그리고 이탈리아에 등장한 파시즘Fascism, 러시아의 레닌이즘Leninism은 논리적 구조가 모두 동일하다. 히틀러Adolf Hitler 정부도, 무솔리니Benito Mussolini 정부도, 그리고 스탈린Iosif Stalin 정부도 모두 인민들의 투표에서 다수의 지지를 받아 등장한 정부이다. 투표의 신뢰성은 낮고, 1당의 1후보에 대한 투표로 대표성이 문제되지만 모두 주권자인 국민의 선택으로 정권을 담당하게 되었다고 주장하고 있다.

전체주의-전제주의는 20세기 100년 동안 온 세계를 뒤흔들었다. 나치즘과 파시즘은 미국과 영국 등 자유민주주의 국가와 범세계적 규모의 전쟁을 거쳐 분쇄되었으며 레닌이즘은 20세기 후반, 반세기 동안 미국 등 자유민주주의 국가들과 '냉전'을 진행하다가 1991년 소련의 붕괴로 사라졌다. 다만 그 변형이라고 주장하는 '중국식 사회주의'와 '김일성 주체사상'을 앞세운 북한이 사회주의 가치를 내세운 절대주의-전체주의-전제주의 정치체제를 유지하고 있다.

4) 자유민주주의체제의 보편화

20세기는 격동의 세기였다. 인류 사회는 전세계의 국가들이 직간접적으로 참가한 양차 세계대전으로 수천만 명의 사상자를 내는 비극을 겪었으며, 공산주의 이데올로기를 내세운 전체주의-전제주의 국가들과 자유민주주의 국가들이 각각 반세기에 걸쳐 공산진영과 민주진영으로 단합하여 극한적으로 대립했던 냉전도 겪었다. 그리고 그 과정에서 이념을 앞세운 정치 투쟁으로 2억 7,000만 명 이상의 사람들이 목숨을 잃었다. 국가사회주의National socialism, Nazism를 내세운 독일의 민족우월주의, 전체주의-전제주의 신봉자들에 의하여 2,000만 명 이상의 유대인과 집시 등 소수민족이 학살당했다. 중국에서는 프롤레타리아 계급독재 인민민주전정人民民主專政체제 구축을 명분으로 자국 국민 7,700만 명의 목숨을 앗아가는 문화혁명을 감행하였다. 그리고 최초의 공산국가로 탄생한 구소련에서는 공산체제 수호를 위해 4,700

만 명의 자국 국민을 희생시키기도 하였다. 종교도 테러화하여 하나의 이슬람 국가를 만들겠다는 교조적 무슬림들이 이슬람을 국교로 하는 아랍의 여러 국가에서 내전을 벌여 수많은 난민을 발생시켰다. 그리고 냉전이라는 이념적 대결이 한국과 베트남에서는 열전으로 비화되어 수백만 명의 인명이 희생되기도 하였다. 럼멜 교수의 집계[The Blue Book of Freedom, 2007]에 의하면 20세기 100년 동안 2억 7,200만 명이 정치이념을 앞세운 국가들에 의해 학살당하였다.

이러한 갈등, 테러, 내전, 세계대전 등의 소용돌이 속에서도 자유민주주의를 국가 기본 이념으로 하는 국가의 수는 꾸준히 증가하였다. 프리덤 하우스의 조사 보고를 보면 20세기가 끝나갈 때까지 전세계의 192개국 중 89개 국가가 민주주의를 국가 기본 이념으로 채택하였다. 여기에 58개의 부분적 자유 국가를 합치면 민주주의 국가가 세계 모든 국가의 4분의 3을 차지하는 셈이다. 이렇듯 20세기는 민주주의가 보편적 통치 이념으로 자리를 잡아간 시대라고 볼 수 있다.

20세기 전반에 등장했던 마르크스-레닌주의, 나치즘, 파시즘, 일본 군국주의, 그리고 후반에 나타난 중국의 마오이즘 등 전체주의-전제주의체제는 페레스트로이카Perestroika라는 자생적 개혁을 거쳐 1991년 구소련 몰락과 함께 사실상 모두 소멸하고 적어도 형식적으로는 민주주의가 범세계적 보편 이념으로 자리 잡은 상태이다. 소련의 붕괴로 공산진영과 민주진영의 대립이 와해되고 세계가 하나의 민주진영으로 재편성되면서 평화가 일단 회복되었는데, 1991년에 이루어진 새 질서를 '미국에 의한 평화Pax Americana' 질서로 부르기도 한다. 그러나 미국 주도의 단극 질서인 '미국이 지배하는 평화질서'는 오래가지 못했다.

2. 과학기술 발전이 정치체제에 미친 영향

인류 역사에서 20세기는 '대변혁의 시대'로 기억될 것이다. 인류는 앞선 시대에 일어났던 모든 변혁보다 더 큰 시대 전환적 변화를 1세기 동안에 겪어냈다.

인류는 주어진 자연환경에 적응하며 삶을 유지하던 원시시대에서부터 점차 자연을 이용하는 기술을 발전시켜 왔고, 인간의 자연 지배 능력과 삶의 질을 꾸준히 향상시켜왔다. 흐르는 물의 힘을 이용하여 수차를 만들어 동력으로 사용하기 시작했고, 동물의 힘을 이용하여 농업, 수송에서 생산 효율을 획기적으로 높였다. 열을 이용하여 난방 시설을 만들 수 있었고 각종 무기를 만들어 전투 효율을 높여 왔다. 14세기에는 화약을 만들어 전쟁에 이용함으로써 전쟁의 양상을 바꾸어 놓았다. 18세기에는 증기 기관을, 19세기에는 내연 기관을 만들어 근대 문명의 기초가 된 공업 체제를 구축하고 대양 횡단의 도구를 만들어 전세계를 하나의 생활공간으로 만드는 데 성공했다.

인간의 자연 지배 능력은 자연을 화학적으로 이용하게 되면서 급격히 신장했다. 자연에 존재하지 않는 물질을 새로 만들어 쓸 수 있게 되어 물질적 풍요를 누릴 수 있게 되었다. 여기에 전파라고 하는 보이지 않는 자연의 힘을 활용하면서 통신혁명도 이루었다.

20세기에 들어와 인간은 물질의 내부 구조를 알게 되었고 핵을 이루는 양자와 전자를 조작하여 새로운 물질을 생성, 핵분열과 핵융합 기술로 천문학적인 에너지를 창출할 수 있게 되었다. 인간은 인류 문명 전체를 초토화시킬 수 있는 힘을 보유하게 되었다. 그리고 생명의 기본 단위인 세포도 조작할 수 있게 되고 세균과 투쟁하는 방법도 찾아내어 많은 질병에서 해방되었다.

인간이 발전시켜 온 과학기술 문명은 축복이면서 재앙이 되고 있다. 상상하기 어려운 부와 편의를 가져와 선대가 꿈도 못 꾸었던 호화로운 삶을 누릴 수 있게 되었지만, 한편으로는 삶의 자연환경과 사회환경 모두를 파괴하고 있다. 특히 그동안 꾸준히 발전시켜왔던 사회질서 자체를 붕괴시키고 있다.

자연의 한 구성체인 동물로서 인간은 자연의 지배를 받아왔었으나 이제는 자연환경 자체를 파괴하기 시작하였다. 인간은 육지, 해양, 대기를 모두 오염시켜 환경을 되돌릴 수 없는 상태로 파괴시키고 있다. 바다 속에 쌓여가는 쓰레기로 해양 생태계가 파괴되어 해양 생물들이 멸종의 위기를 맞고 있으며 지상의 생태계를 파괴하여 수많은 동식물이 사라지고 있다. 오염된 공기는 인간의 생명도 위협하고 있다. 얼마 전(2018. 3. 14) 타계한 호킹Stephen William Hawking 박사는 지금 진행되고 있는 지구 온난화가 이대로 지속된다면 100년 안에 지구는 대기온도가 섭씨 460도에 이르고 황산비가 내리는 지옥과 같은 행성이 되어 인류뿐만 아니라 현존하는 모든 생물이 사멸할 것이라 내다보았다.

원자핵 분열과 융합 기술로 인간은 엄청난 에너지를 얻어 보다 윤택한 삶을 누릴 수 있게 되었으나 그 기술로 핵무기를 만들어 인류 모두를 살상할 수 있는 수단을 가지게 되었다. 이것은 재앙이다.

전파라는 눈에 보이지 않는 자연 현상을 통신기술로 이용하게 되면서 이제 인류는 순식간에 전세계 모든 지역과 정보를 교류할 수게 되었다. 이러한 정보혁명을 통해 세계를 하나로 묶어놓을 수 있게 된 것이다. 정보혁명은 지식 공유를 통해 과학기술을 크게 발전시켰으나 한편으로는 전세계가 서로 충돌하는 갈등의 지구화도 가져왔다. 교통수단의 획기적 발달로 전지구가 하나의 생활권으로 연결되면서 분업도 지구적 차원에서 활발히 진행되고 산업 발전에 크게 기여했다. 그러나 한편으로는 대규모의 인구 이동으로 세계 도처에서 난민 문제가 심각해지고 있다.

20세기까지 인간이 성취한 놀라운 과학기술은 21세기에 들어서면서 재앙으로 치닫고 있다. 가장 두드러지는 위협을 몇 가지 들어본다.

첫째는 인구 폭발이다. 이미 80억 명에 육박하는 인구는 지구가 수용할 수 있는 한계를 넘어서고 있다. 의료 기술 발달로 인간의 수명이 늘어나면서 고령 인구가 급속히 늘었고 '쾌적한 삶'을 추구하려는 인간의 욕망을 허물어 놓고 있다.

둘째는 환경 파괴이다. 지구 온난화는 이미 각가지 재난을 가져오고 있다. 기후의 급격한 변화로 사람이 살기 어려운 환경으로 되어 가고 있다. 일부 지역에서는 사막화가 진행되고 있고 또 다른 일부 지역에서는 해수면 상승으로 삶의 터전을 잃고 있다. 생태계 혼란으로 많은 동식물이 멸종하고 있다.

셋째는 변종 바이러스에 의한 위험이다. 인간의 개입으로 바이러스의 진화 과정에 변화를 일으켜 인간이 감당할 수 없는 질병이 나타나고 있다.

넷째는 인공지능AI의 등장으로 '기계가 사람을 축출하는' 현상이 확대되고 있다는 점이다. 더구나 인간이 AI를 무기화하면 그 재앙은 막기 어려워진다.

다섯째는 핵에너지의 무분별한 사용이다. 핵무기는 이제 전세계의 인구를 순식간에 절멸시킬 수 있는 수준으로 파괴력을 높이고 있고, 핵무기를 전쟁의 수단으로 사용하기 시작하면 인류는 공멸 위기에 놓이게 된다.

21세기는 인류 문명의 존속 여부를 판가름하는 문명 전환적 시기가 되어가고 있다. 이러한 파멸을 막기 위한 특단의 대응이 있어야 한다. 그리고 대응을 위해서는 인류의 지혜를 모으는 정치체제 개혁이 필요하다.

3. 21세기 정치공동체가 풀어야 할 과제들

1) 국내정치질서의 안정화

21세기 인간의 삶은 지나온 세월에서 누리던 삶과는 비교할 수 없을 정도로 복잡해졌다. 생존에 필요한 물자를 얻는 방법도, 자기의 안전을 지키는 방법도 달라졌다. 이해관계에 따라 만든 집단도 다양해졌고 집단 간의 투쟁도 격화되었다. 가장 눈에 띄는 집단 갈등은 새로운 생산체제에서 생겨난 '가진 자'와 '가지지 못한 자' 간의 빈부 격차이다. 생산 구조가 복잡해지면서 노동자와 사용자 간의 노사 갈등도 격심해졌지만 노동자들 간에서도 신분의 차이에 따라 이해관계가 달라지면서 각각 독자적 집단을 이루어 투쟁하는 노-노 갈등도 격심해졌다. 이러한 갈등은 함께 속한 공동의 공동체인 국가의 이익보다 이해집단의 이익을 앞세우도록 강요함으로써 사회 전체의 파편화를 촉진하고 있다. 이러한 계급 갈등을 봉합하고 사회의 통합을 이룰 수 있도록 만드는 일이 21세기 각국 정부의 시급한 과제가 되고 있다.

인종, 종교 등도 사회통합을 해치는 요소가 되고 있다. 인종에 따른 문화 동질성이 강조되면 다민족 국가에서는 심각한 사회 갈등을 겪게 된다. 다른 종교가 공존하는 사회에서는 종교도 사회분열의 요소가 된다. 과거와 달리 정보 교류가 실시간으로 이루어지는 21세기적 환경에서는 지리적으로 분산되어 사는 동족, 초지리적으로 집단의 응집력을 강화하는 같은 종교 교인들이 이익공동체를 형성하고 집단이익을 강하게 추구하게 되었다. 이슬람 국가 내의 종교 갈등, 미얀마 내의 불교-이슬람 갈등, 중국 소수민족의 집단 저항 등 21세기에 들어서면서 인종, 종교, 문화적 집단이 첨예하게 갈등·대립하고 있다. 이를 순화시켜 공존 체제를 구축하는 일이 21세기 각국 정부가 해결해야 할 중요 과제가 되고 있다.

이념 갈등도 심각한 도전 요소가 되고 있다. 특히 자유와 평등 간의 조화를 도모해야 하는 어려운 과제가 있다. '인간존엄성이 보장된 자유'를 앞세우는 자유주의자들과 평등을 가장 소중한 이념적 가치로 삼는 사람들 간의 공존 체제를 마련하는 일도 21세기의 각국 정부가 풀어 나가야 할 어려운 과제이다.

21세기 세계의 인구는 약 80억 명이다. 2018년 현재 국제연합 회원국은 193개국이다. 그러나 독립된 자주 국가를 건설하고 싶어 하는 종족 집단은 약 3,000개에 이른다. 그러므로 대부분의 종족 집단은 다른 종족이 지배하는 국가 내의 소수민족으로 편입되어 살아가고 있다. 문화, 종교 충돌이 빈번할 수밖에 없는 이유이다. 현재 진행되고 있는 갈등의 상당수는 바로 이러한 소수민족 독립운동과 관련되어 있다. 예를 들어 시리아 분쟁, 이라크 내전, 아프가니스탄 내전 등은 모두 소수민족 문제로 생긴 분쟁이다. 국내 소수민족과의 공존 체제를 구축하여 사회 안정을 이루는 일이 21세기 환경에서 많은 국가가 맞이하고 있는 또 하나의 커다란 과제이다.

2) 무정부 국제질서와 각국의 자위능력 확보 과제

미어샤이머John J. Mearsheimer가 지적했듯이 현재 국제사회는 무정부 상태anarchy여서 각 구성국의 안전을 지켜줄 수 있는 중앙정부가 없다. 현존하는 국제연합은 주권국가들의 합의로 만든 협의체로, 국제질서를 힘으로 관리·유지할 수 있는 초국가적 권위체가 아니다. 국내에서는 모든 폭력은 국가가 독점하여 사용하는 폭력의 공공화公共化가 이루어져서 구성원의 안전은 정부가 장악하고 있는 폭력으로 지켜주도록 되어 있다. 그러나 무정부의 국제정치 무대에서 자국의 안전을 지킬 수 있는 방법은 자위력自衛力을 갖추는 길 뿐이다. 도움을 얻을 수 있는 방법은 개별적으로 맺는 동맹 조약에 의하여 동맹국의 무력 지원을 받는 길과 국제연합의 집단안보체제에 의지하여 국제연합 회원 국들의 지원을 얻는 길 뿐이다.

국가의 안전은 국가의 존립 자체를 보장하는 제일 중요한 과업으로, 이해관계가 복잡하게 얽힌 국제관계 속에서 동맹과 집단 지원을 확보하는 것은 고도의 전문성이 요구되는 외교력을 갖춰야 가능한 과업이다. 그리고 자위를 위한 군대를 육성, 유지하는 과업도 고도의 전문성을 요한다. 21세기의 국가는 외교안보를 통한 자주권 수호의 과제를 안고 있다.

3) 국제협력을 통한 생존 환경 확보

21세기는 과학기술 발달로 생산체제가 고도로 분업화되어 국가 단위의 '자립경제autarky'가 불가능해진 시대이다. 국민의 생존 보장을 위해 국제적 협력과 교역 체계를 구축하지 않으면 안 되는 시대에 들어섰다. 국가가 국내의 공공질서 유지만 담당하던 '경찰국가' 시대와는 달리 국가가 적극적으로 국제협력체제를 구축하고 국민보호 임무를 수행해야 한다. 단순 노동을 바탕으로 하는 농업이 국가 경제 기초가 되었던 산업화 이전 시대에는 상식을 가진 일반 시민들의 평등한 참여로 국가 운영의 중요 결정을 할 수 있었다. 그러나 지금은 그 시대와는 국가의 기능 자체가 완전히 달라졌다.

21세기는 국가 간의 치열한 생존 경쟁 속에서 각국의 생존 조건을 마련해 나가야 한다. 국가는 그 자체가 거대한 기업체와 마찬가지로 분야별 전문 인력을 갖춘 조직을 가져야 과제를 수행해 나갈 수 있다. 21세기의 시대 환경에서 국가는 가정의 생활을 책임지는 가장과 같은 통합적 관리 기능을 국민 전체를 위해 행해야 한다.

21세기의 국제사회는 '다층복합질서'로 엉켜 있다. 마치 국내에서 이익을 같이 하는 다수의 공동체가 각각의 구성원, 목적, 규정을 가지고 작동하면서도 다른 공동체와 어울려 하나의 국가질서 속에서 공존하는 것과 같다. 안보, 경제, 인권, 환경 등 제반 질서가 공존하는 국제사회의 다층복합질서 속에서 자국과 자국민의 생활의 질 향상을 위해서는 모든 영역별 국제질서마다 전문가를 확보해야 한다. 전세계가 하나의 삶의 터전이 된 21세기에는 국제사회에서 통용되는 규정과 관행을 수용하는 '국제화'가 국가 생존의 기초 조건이 된다.

4. 도전 받는 민주주의 정치체제

1) 정치환경의 급격한 변화

과거 서구 제국이 주도한 인류 사회의 '근대화'는 21세기에 들어와 내외 도전 속에서 방향을 잃어 가고 있다. 퍼거슨Niall Ferguson은 2012년에 출간한 자신의 저서 『위대한 퇴보 *The Great Degeneration*』에서 세계질서를 이끌던 서양의 네 가지 제도-민주주의, 자본주의, 법치주의, 시민사회가 모두 흔들리고 있다고 지적하고 있다.

주권재민 원칙을 반영하는 민주주의는 투표-선거를 거쳐 통치자를 선출하고 '다스림을 받는 자'와 '다스리는 자'를 일치시키는 제도로 칭송받았다. 그러나 선거와 투표 제도를 왜곡시키는 경우가 많아지면서 원래의 취지가 흐려져 버렸다. 1당지배체제 국가에서의 선거는 당이 결정한 후보만을 내세워 투표하게 함으로써 투표권자의 선택 권리를 제도적으로 말살하고, 독재자의 통치권을 정당화하는 형식적 행위로 전락해버렸다. 2018년 3월에 열렸던 중국의 전국인민대표대회에서는 2,700명 대의원의 전원 지지로 시진핑 주석이 재선되었다. '신민주주의', '과학적 민주주의'를 내세운 공산국가의 선거는 민주주의의 정신을 완전히 말살하는 제도가 되었다. 통제를 벗어난 자본주의도 '가진 소수'와 '가지지 못한 다수'로 사회를 분열시켜 계급 갈등을 심화시킴으로써 공동체 구성원 화합을 전제로 운영되는 민주헌정질서를 위협하고 있다. 국민 모두가 주권자로서의 동류의식을 공유해야만 공존 합의를 전제로 하는 민주질서가 유지될 수 있다. 계급 갈등은 범국민적 공존 합의를 불가능하게 만든다.

주민의 정치의식이 낮은 후진국에서는 '대중영합주의'가 계급 갈등을 '인민혁명'으로 악화시킨다. 남미 여러 나라에서 민주정치가 몰락한 것은 대중영합주의에 의한 민주 제도의 후퇴 현상이다.

민주주의는 구성원 간의 '사회적 약속'으로 이루어진 정치제도이다. 그 약속이 지켜지지 않으면 민주 제도는 허물어진다. 법치주의는 민주주의가 작동할 수 있게 하는 근본적인 약속인데 법치주의가 무너지면 민주주의는 허상이 된다. 신생 민주국가에서 민주정치가 뿌리내리지 못하는 것은 법치주의의 붕괴 때문이다.

깨어있는 시민들이 통치자들을 감시, 견제할 수 있는 사회에서는 민주주의가 그런대로 작동한다. 선진국에서 민주정치가 자리 잡은 것은 성숙한 시민 사회의 견제가 가능하기 때문이다. 민주주의는 '교육받은 중산층'이 주류를 이루는 선진 사회에서만 작동한다.

민주정치는 18세기 서구 사회에서 시작된 시민혁명, 19세기의 제도화를 거쳐 20세기에 꽃피웠는데, 그 과정에서 나치즘, 파시즘, 레닌이즘의 도전을 이겨내고 서구 민주주의 국가들의 주도로 전세계적인 보편적 정치체제로 자리 잡았다.

특히 냉전 시대(1947-1989)에 세계를 양분했던 소련 공산진영과의 투쟁에서 미국 주도의 서구 자유민주주의 진영이 완승하여 민주주의 국가들로만 구성된 하나의 세계질서가 곧 탄생하리라는 기대가 확산되었다. 이른바 팍스 아메리카나Pax Americana의 시대가 도래한다는 기대였다. 그러나 그 기대는 21세기에 들어서면서 깨어지고 있다. 급속한 과학기술 문명의 발달이 삶의 양식 자체를 바꾸어 놓아 나라마다 민주주의 정치체제를 운영할 수 없는 환경으로 변해가고 있기 때문이다.

우선 산업화가 빠르게 진행되면서 국가 간의 빈부 격차가 급속히 커졌고 후진국의 경우 선진국을 따라 잡기 위한 경제 개발에 관심을 모으게 되었는데, 이런 국가들은 단기간에 경제 건설을 이루기 위해 전제정치체제로 국력을 집중시켰다. 이러한 국가들은 '선발전 후민주화先發展 後民主化'를 내어 걸고 독재체제를 합리화하였다. 대표적인 예로 민주공화국으로 출발한 대한민국은 1961년의 군사혁명을 계기로 1987년까지 사실상의 전제정치체제를 유지하였다. 경제적 후진국에서는 국민들도 정치적 자유보다 경제 발전을 더 원하였으므로 이러한 전제정치체제를 용인하였다. 제2차 세계대전 종전을 계기로 탄생한 대부분의 신생 독립국은 민주주의를 표방하면서도 전제정치를 수용하였다.

산업화가 진전되면서 생산의 국제 분업이 급속히 진행되었고 전세계가 하나의 생산체제, 하나의 시장으로 재편되기 시작하였다. 그 결과, 선진국도 국제화의 흐름 속에서 사회 불안정을 겪기 시작했다. 후진국의 값싼 노동력은 선진국의 단순 노동자들의 생존을 위협하기 시작했다. 공업 선진국이던 미국의 경우 많은 생산업체들이 후진국의 값싼 공산품과의 경쟁에 밀리면서 문을 닫았고 밴스J. D. Vance의 저서『힐빌리의 노래 _Hillbilly Elegy_』에서 보여지듯 문 닫는 공장에서 밀려난 '러스트밸리Rust valley'의 백인 노동자들의 불만이 터져 나왔다. 다른 한편, 세계 금융계를 지배하게 된 미국은 세계 최강의 경제대국으로 올라섰는데 새로 증가한 부는 노동자의 몫으로 돌아가지 않고 금융자본가의 부만 증가시켜 미국 사회를 극소수의 자산가와 상대적으로 빈곤해진 대다수의 시민으로 갈라놓는 이른바 '99 대 1'이라는 현상을 가져왔다. 이러한 사회 구조 변화는 "모든 인간은 평등하게 태어났다"는 믿음을 앞세운 미국식 민주주의 정치체제 유지에 어려움을 가져왔다. 그 결과로 2016년 대통령 선거에서 '미국 국익 우선'을 내건 트럼프 Donald J. Trump가 당선되는 이변을 가져왔다. 그동안 자유민주주의의 전 세계적 보급을 미국의 '선교자적 사명'으로 삼고 노력해오던 전임 대통령들과 달리 '미국 이익 우선'을 앞세우고 미국의 서민생활 향상을 주장하는 트럼프가 미국 시민 다수의 지지를 받아 대통령에 당선된 것이다.

　달라진 정치환경은 사회주의를 표방해오던 공산국가도 변질시켰다. 마르크스-레닌주의 이념의 실천을 내걸고 공산혁명에 성공했던 중국 공산당은 이제 더 이상 마르크시즘을 앞세우지 않고 '중국 특색의 사회주의 민주'라는 새로운 정치이념을 내걸어 1인-1당지배의 전제주의 국가로 변모했다. 노동자-농민-근로인테리로 구성되는 인민지배의 사회주의-민주주의 국가라던 북한도 김일성주의라는 전체주의 독재 이론을 내세우고 김일성 일가가 통치하는 신정체제神政體制 국가로 변신했다.

　이슬람교 교리를 통치 이념화한 ISIslamic State 국가의 수립을 목표로 중동에서 벌어지고 있는 정치투쟁은 20세기 말 Pax Americana가 이루고자 한 '모든 인류가 향유하는 인간존엄성이 보장되는 자유'가 보장되는 하나의 민주적 세계질서one world of free market democracy와는 거리가 먼 현상이다.

　21세기에 들어서면서 기존 정치체제를 더 이상 그대로 유지할 수 없게 만드는 정치환경이 전세계적으로 나타나고 있다. 정치체제는 주어진 환경이 변하면 이에 맞추어 개선되어야 한다.

2) 사회질서의 기본 가치 변화

　주어진 자연환경에서 생존하기 위해 인간이 만든 것이 사회질서이다. 자연환경이 바뀌면 이에 대응하여 사회질서도 바뀌고 그 사회질서는 역으로 새 질서의 변화를 가져오는 원인이 되기도 한다.

20세기에 이르러 인간은 신의 영역이라고 여겼던 분야에서도 도전적으로 과학기술을 발전시켰으며 그 기술로 인간의 삶의 환경을 혁명적으로 변화시켜 놓았다. 사람은 이제 역설적으로 풍요로운 삶보다 사람답게 살 수만 있는 수준으로, 변화 자체를 피하려는 움직임이 포착되고 있다. 행복지수라는 새로운 척도로 평가할 때 경제적 후진국(GDP 규모로 세계 163위)인 부탄Bhutan이 1위로 올라오는 것은 이러한 새로운 흐름을 상징하는 것이다.

공동체의 질서는 공동체가 추구하는 핵심 가치, 그리고 그 가치를 실현하기 위하여 구성원이 지켜야 할 규범, 그 규범 실천을 관리하는 제도, 그리고 구성원들이 규범을 따르도록 만드는 힘 등 네 가지 요소로 구성된다. 이 요소가 바뀌면 질서도 바뀌게 된다. 이 중에서 특히 이념과 제도의 변화가 질서 변화의 추동력이 된다. 21세기 삶의 환경이 현존 질서를 지탱해왔던 이념을 어떻게 바꾸고 있는지를 살펴본다.

사람들이 추구하는 가치는 크게 네 가지로 요약된다. 사람은 생명을 가진 생명체이므로 모든 가치에 우선하여 생명을 위협하는 위험에서 자유로워야 한다. 그래서 안전security이 가장 근본적인 추구 가치가 된다. 그리고 삶을 유지하기 위한 물질의 안정적 확보가 역시 생물체인 인간이 추구하는 기본 가치가 된다. 그래서 사람들은 삶을 풍요롭게 할 수 있는 최소한의 부wealth를 확보하려 한다. 이러한 기초 가치가 충족되면 사람들은 '인간존엄성이 보장된 자유freedom with dignity'를 추구하게 된다. 타인의 자의에서 벗어나 자기가 원하는 대로 삶을 계획하고 유지하려 한다. 그리고 가능하면 자신의 꿈을 이루는 데 필요한 사회적 환경을 확보하고 자아실현自我實現의 조건을 마련하려 한다. 공동체는 구성원들이 추구하는 이러한 기본 가치를 마련해주기 위해 존재하므로 가능한 한 구성원 모두에게 이들이 추구하는 가치들을 충족시켜야 한다.

정치이념이란 이러한 공동체의 기본 가치를 정리해 놓은 것이다. 자유주의는 주어진 환경에서 구성원 개개인의 자유를 최대한으로 보장해주자는 이념이고, 사회주의는 구성원이 고르게 부를 누릴 수 있도록 집단적으로 이를 보장해주자는 이념이다. 공동체의 의사결정 방법과 관련하여 구성원 모두의 참여를 보장하자는 이념이 민주주의이고, 가장 유능한 사람에게 맡겨 그 지도자가 결정하도록 하자는 것이 전제주의이다. 그리고 공동체 전체의 집단적 자유와 부를 확보하면 구성원의 자유와 부가 극대화될 수 있다는 주장이 전체주의이다.

정치이념은 시대 환경에 따라 구성원들이 우선시 하는 가치 중심으로 선택된다. 안전이 가장 소중한 때는 공동체의 단합을 앞세우는 전체주의-전제주의 이념이 설득력을 가지게 된다. 구성원들이 부의 증대를 최고 가치로 삼을 때는 공동체의 부를 가장 효율적으로 증대시킬 수 있는 자율 경쟁의 시장경제를 옹호하는 자유주의가 선호하는 이념이 된다. 그리고 쟁취를 통한 국부의 증대를 필요로 하던 시대에는 부국강병을 정당화하는 전제주의-군국주의가 보편적 이념으로 자리 잡았다.

국가 간 협력이 제도화되고 초국경적 민간 교류가 자유로워진 환경과 개인의 삶의 질 향상이 주된 관심이 되는 사회에서는 구성원들의 자율적 경제활동과 개인의 인권을 최대한으로 보장하는 자유민주주의가 공동체의 가장 바람직한 최고 이념이 되었다.

거시적으로 보면 인류의 역사는 인간의 해방의 역사라고 할 수 있다. 자연의 위해에서 자구自救 능력과 수단을 개발하기 전까지 인간은 자연재해나 다른 동물의 공격에서 자유롭지 못했다. 그러한 환경에서 인간은 자연을 지배하는 신神을 두려워했고 신의 권위를 가졌다는 사제들에게 순종하는 삶을 유지했었다. 그리고 이러한 신정체제는 점차로 세속적 권력을 가진 강력한 지배자의 전제적 지배로 대체되었다. 절대군주가 지배하는 전제정치 시대가 대체로 17~18세기까지 지속되었다. 그동안 인간은 지식의 축적을 바탕으로 생산 기술을 발전시키면서 부를 축적할 수 있었고, 여유로워진 삶에서 점차 자아自我 의식을 갖게 되어 삶의 주체로서의 자기주장을 펴는 시민의식을 갖게 되었다. 이와 함께 공동체와 자기와의 관계에 관심을 가지게 되었다. 이러한 시민의식에서 형성된 공동체의 주체적 구성원으로서의 자각이 주권재민의 이념으로 발전해왔고 이를 바탕으로 하는 시민혁명이 시작되었다. 절대군주로부터의 해방을 추구하기 시작한 것이 18세기였다. 산업혁명으로 생활의 여유가 생긴 서유럽 국가들에서 시작된 시민혁명은 시민의 자유와 권리를 증대하고 군주의 권한을 억제하는 방식으로 진행되었다. 이러한 시민의식의 성숙으로 민주정치가 국가정치체제의 이념으로 정착되었고 20세기에 들어서서는 범세계적인 보편 이념으로 자리 잡았다.

문제는 국가 단위의 물질적 풍요를 목적으로 하는 제국주의적 투쟁이 시작되면서 국가공동체의 단합을 촉진하는 민족주의가 등장했고 국가 단위의 집단이기주의가 강화되어 개인 자유, 개인 해방을 핵심으로 하는 민주주의 이념이 '유보' 되었다는 점이다. 20세기는 자유민주주의와 민족주의를 앞세운 국가 단위의 집단이기주의 이념이 치열하게 대결하는 시기였다.

민족주의와 결합된 집단이기주의적 전제주의의 도전으로 한때 수세에 몰렸던 자유민주주의 이념은 냉전 시대를 거쳐 20세기 말에는 세계 대다수의 국가들이 수용하는 보편적 이념으로 자리 잡았다.

3) 민주정치 이념의 후퇴

후쿠야마는 『역사의 종언 *The End of History*』에서 인류의 역사는 인간 해방의 역사이며 20세기까지 인간의 해방은 적어도 이념적으로 모두 이루어져 기나긴 인간 해방의 역사는 종착역에 도달했다고 단정했다. 서구 문명이 주도해온 "민주혁명은 승리했다 the triumph of the West, of the West idea"고 주장했으며 이는 이념으로서의 민주주의 가치는 범세계적 가치로 모든 나라가 수용했다는 의미이다.

민주주의 이념은 개인존중주의 individualism에 기초하고 있다. 사람은 그 자체로서 의미 있는 존재이다. 삶과 행위의 주체이며 자기완성적 존재이다. 다른 사람 또는 조직과의 연계에서만 의미를 가지는 종속적 존재가 아니다. 개인은 자기 판단에 의해 선택하는 삶을 자기 능력에 기초하여 살아가는 책임 있는 존재이다. 자유로운 개인은 다른 개인과 계약을 맺고 관계를 만든다. 이러한 계약의 집합으로 공동체를 형성한다. 이러한 생각이 자유주의 이념이고 이에 입각하여 공동체의 운영 원리로 만들어 놓는 것이 민주주의 정치체제이다.

이러한 민주주의 사상을 바탕으로 공동체를 이해하면 그 존재 목적은 구성원 모두가 '사람답게 살 수 있도록' 하는 것이 된다. '사람답게 살 수 있는 권리'가 인권이고 이러한 인권을 보장해주려는 것이 공동체의 존재 의의가 된다. 어떻게 사는 것이 사람답게 사는 것인가? 한마디로 '인간존엄성이 보장된 자유freedom with dignity'가 보장되는 질서에서 사는 것이다.

전세계 국가들의 민주화 정도를 1972년부터 계량화하여 발표해온 EIUEconomist Intelligence Unit는 민주주의 정치체제를 다음과 같이 정의하였다. "다수결과 피지배자의 동의에 기초한 정부, 자유롭고 공정한 선거제도, 소수자 보호와 인권 존중, 법 앞의 평등, 정치적 다양성의 보장 등을 갖춘 정치체제".

컬란치크Joshua Kurlantzick는 그의 책 『민주주의는 어떻게 망가지는가 Democracy in Retreat』에서 EIU의 민주주의 정치체제 정의에 대해 "정당한 반대 의견의 존중, 민주적 기구에 대한 지원, 정치참여의 보장" 등의 조건을 추가하였다.

이렇게 정의된 민주주의 체제는 20세기가 끝난 시점(2003년)의 기준으로 전세계의 192개국 중에서 160개국이 채택하고 있었고 이 중에서 93개국은 실제로 완전한 민주주의체제를 운영하고 있었다. 그리고 나머지 국가 중 67개국은 민주주의체제를 채택하였지만 부분적으로 개인 자유를 제한하고 있었다. 이렇게 보면 적어도 정치이념으로서의 민주주의는 범세계적 차원에서 보편화되었다고 할 수 있다.

민주주의 이념의 제도화는 힘을 가진 통치권자로부터 시민의 자유와 평등을 보호하는 법적 약속으로 시작되었다. 1215년의 「마그나 카르타Magna Carta」에서 국왕의 서명을 받아낸 자유freedom, 평등equality, 법치rule of law는 민주주의 이념의 핵심 가치로서 민주주의 이념을 체계화하는 지침이 되었고 오늘날까지 이르고 있다. 그러나 민주주의 이념이 '인류 보편의 가치'로 정착되는 과정은 순탄하지 않았다. 시대 환경 변화 속에서 많은 도전을 받았다.

민주주의 이념이 누구의 자유를 보장하는가 하는 문제가 대두되었다. 절대군주의 횡포로부터 자유를 보장받고자 했던 주창자들은 '힘을 가진 시민'들이었다. 「마그나 카르타」를 얻어낸 사람들은 부와 군사력을 가진 귀족들이었다. 다음으로는 산업화가 진행되어 새롭게 등장한 부를 가진 중산층 시민이 그 주체가 되었다. 역사상 최초의 민주주의 국가로 탄생한 미국의 경우 헌법을 제정하던 당시 선거권을 가진 '시민'은 전체 인구의 1할도 되지 않는 '납세자' 뿐이었다. 노예를 비롯한 빈민은 자유의 주체인 시민으로 인정받지 못했다.

르네상스를 거치면서 지식의 보급으로 모든 사회 구성원들이 시민으로서의 자각을 갖게 되었고 일부만 누리던 민주정치에 대한 대중의 열망이 폭발하기 시작했다. 빈부와 신분의 격차를 넘어서서 모든 사람이 공동체의 주체가 되어야 한다는 생각이 풍미하였고 초기 민주주의 정치체제는 대중 혁명의 저항을 받았다. 그리고 이런 흐름 속에서 프롤레타리아 혁명이 확산되어 무산자가 지배하는 '인민민주독재'의 전제정치체제가 등장하였다. 소련의 공산체제, 중국의 공산당 1당지배의 '중국식 사회주의'체제, 북한의 1인지배의 신정적 전체주의체제가 들어섰다. 이들의 주장은 국가가 생산체제를 소유하고 모든 인민에게 소득을 고르게 분배하여 모두가 궁핍에서 해방되면 다 같이 자유를 누릴 수 있다는 논리였다. 여기서 '자유'는 개인의 자유가 아니라 전체 인민의 '집단적 자유'이다.

'집단적 자유'와 평등을 앞세운 전체주의는 독일, 이탈리아, 일본에서도 등장하였다. 국가사회주의를 내세운 독일의 나치즘과 이탈리아의 파시즘, 일본의 국가 주도 자본주의인 군국주의가 대표적인 전체주의국가였다. 이러한 선진 국가의 전체주의화는 민족주의가 바탕이되었다. 산업화 진전으로 전세계가 하나의 경제 체제로 되면서 국가 단위의 생존 경쟁이 치열해졌고, 경쟁에서 살아남기 위해서는 국력극대화를 위한 전제적 통치 체제가 필요해졌다. 이때 국민의 지지 창출 논리는 국제 경쟁에서 우위를 선점해야 국부를 증대시킬 수 있고, 늘어난 국부가 국민의 생활 향상을 가져온다는 것이었다. 개인의 정치적 자유를 희생하여 국민 전체의 경제적 풍요를 마련해준다는 논리였다.

독일, 이탈리아, 일본의 전체주의-전제정치체제는 제2차 세계대전에서 패전하면서 사라졌다. 그러나 소련의 공산주의-전제주의는 냉전 종식까지 지속되다가 1991년 소련의 붕괴로 막을 내렸다. 냉전 종식 이후에는 미국 주도의 민주주의 진영이 전세계를 장악하게 되면서 민주주의 이념의 세계화가 이루어졌다. 그러나 미국 주도의 평화질서Pax Americana는 21세기에 들어서면서 붕괴되기 시작하였다. 세계 각국의 민

주화 정도를 조사하여 매년 발표해온 프리덤 하우스라는 연구단체는
"서기 2,000년에 자유주의의 전진은 최고점을 찍었고 그 뒤로는 점차
퇴보하고 있다"고 지적하고 있다.

　민주주의의 척도를 매년 조사·발표해오고 있는 독일의 베르텔스만
Bertelsmann 재단은 2006년부터 2010년 사이에 128개 국가 중 53개 국가
에서 민주주의의 질이 저하되고 있다고 지적했다. 민주정치체제의 기
초가 되는 기구(정당 등)들, 정치 참여, 시민자유 등의 질적 저하로 민주
주의를 표방하고 있는 나라들의 정치체제는 민주주의 정치라 부를 수
없는 결함을 나타내고 있다고 했다. '아랍의 봄'이라고 불렀던 전제적
통치체제를 가졌던 아랍지역 국가들의 민주화 혁명에 기대를 걸었던
사람들은 혁명으로 들어선 정부의 반민주적 형태에 크게 실망했다.
'결함을 노출한 민주국가'로 지적된 53개 국가 중 러시아 등 16개국에
서는 국민의 반대 의사 표출 기회가 박탈당하고 법치가 지켜지지 않
고 있다. 정당은 인민의 뜻을 대변할 수 없도록 집권자가 권력으로 인
민을 탄압하는 수단으로 전락, 옛 절대군주체제 때의 전제정치와 다
를 바 없게 되었다고 보고하고 있다. 특히 냉전 종식 후 민주국가로 새
롭게 탄생한 헝가리, 폴란드, 체코, 슬로바키아 등에서도 민주화된 후
10년도 되지 않아 선거 제도, 시민자유 보호, 민주적 정당제도 등 민
주주의 정신이 깨어지고 있다고 지적하고 있다.

　이코노미스트 Economist 지의 연구기관인 EIU의 보고서도 민주주의의
전반적 후퇴를 지적하고 있다. 이 보고서에서는 조사 대상 167개 국가
중 91개 국가에서 '민주주의 평가 점수'가 2008년 이후 낮아졌다고 했

다. 특히 우수한 민주국가로 평가 받아온 79개국 중에서 53개국은 '결함 있는 민주국가'로 내려앉았고 오직 26개국만 '완전한 민주국가'로 인정받았다. 민주주의 이념은 21세기에 들어서면서 퇴보하고 있다.

모든 인간이 사람답게 사는 사회를 만들자는 민주이념이 왜 21세기에 와서 역행하게 되었을까? 21세기의 시대 환경 특징과 몇 가지 현상을 바탕으로 분석해본다.

– 과학기술 고도화와 빈익빈 부익부

고도로 발전한 과학기술로 기계화, 자동화가 급속히 진행되면서 기계가 인간의 단순 노동을 대체하고 있다. 이러한 생산양식의 변화는 단순 노동자들의 대량 실업을 가져왔다. 21세기의 생산양식은 노동의 양보다 질로 총생산을 결정하게 된다. 이에 따라 고급 지식을 가진 소수와 단순 노동력 밖에 없는 다수 간의 부의 격차가 심화되고 있다. 전체적인 국부가 늘어나는 선진국에서도 대다수의 대중은 빈곤을 겪게 된다. 이들은 정치적 자유보다 1차적으로 생존에 필요한 소득의 안정적 확보를 추구한다. 늘어난 국부의 배분을 정치적 자유보다 더 원한다. '자유로운 실업자'가 되기보다는 자유를 제한 받더라도 안정된 삶을 더 추구하게 된다. 국가가 개입하여 고르게 살 수 있게 해달라고 요구한다. 민주주의보다 삶의 터전을 보장해주는 정부를 선호하게 된다.

- 정보화와 다양한 이익공동체의 출현

고도로 발달한 정보 기기의 보급으로 사회 구성원이 모든 정보를 실시간으로 공유하는 시대가 되었다. 공동 이익을 가진 사람들이 이익공동체를 쉽게 구성할 수 있게 되었다. 민주사회에서는 언론, 출판, 집회, 결사의 자유가 보장되어 각종 노동, 종교, 직업, 이념 조직 단체 등 이익공동체들이 집단 투쟁을 벌이기 시작했다. 그리고 이러한 이익집단들은 국가공동체 단위의 전체 이익보다는 자기 집단의 이익을 앞세우기 시작하였다. 이러한 집단이기주의가 팽배하면서 국가의 통치권을 장악하게 된 집단 또는 집단연합체는 다른 집단에 대한 전제적 통제를 시도하게 되고 그 결과로 공존을 바탕으로 하는 민주주의 이념을 깨뜨리게 된다. 노동자의 권익을 앞세우는 노동단체가 정권을 장악하게 되면 자본가 등 타 집단의 자유를 억압하는 집단 지배 전제 정치를 펼치게 된다. 다양한 의견을 가진 구성원들 간 공존 표방의 민주주의 이념은 후퇴하게 되는 것이다.

- 대중영합주의의 등장

민주정치는 모든 구성원의 동등한 정치 참여를 보장하는 등가참여 원칙을 제도적 특성으로 한다. 다수의 지지를 받는 세력이 공동체의 통치권을 장악하는 제도이다. 등가참여 원칙을 악용하고 선전선동으로 다수의 지지를 유도하여 집권하는 독재자가 출현할 수 있게 되는 제도이다.

레닌V. Lenin은 일반 대중은 전체의 이익보다 눈앞의 이익에 더 관심을 가진다고 말했다. 시민의 정치의식 수준이 낮은 나라에서는 맞는 말이다. 그래서 국민의 교육 수준이 낮은 나라에서는 대중을 속이는 선전선동으로 다수의 지지를 얻어 정권을 장악하는 독재자가 출현할 수 있다. 민주주의 정치체제를 채택한 후진국에서 이러한 대중영합주의로 민주정치가 붕괴되는 예가 많다. 전체주의와의 힘겨운 투쟁에서 자유민주주의가 승리한 역사적 사변인 제2차 세계대전 후 약 100여 개의 신생 독립국이 탄생하였다. 민주주의의 승리였다. 전세계가 '민주국가들로 구성된 하나의 세계공동체one world community of democratic states'가 눈앞에 다가왔다고 환호했었다. 그러나 민주화의 역설로 신생 독립국가에서부터 민주주의 붕괴 현상이 일어났다. 대중영합주의의 결과였다. 중남미의 민주국가에서 대중영합주의가 번지기 시작하였고, '전제화된 민주국가', '민주국가의 외형을 가진 독재국가'가 다른 지역의 신생 민주국가에서도 나타나기 시작했다. 제2차 세계대전 이후에 탄생한 100여 개의 신생 민주국가 중 대부분의 국가에서 군사혁명이 일어나 전제정치체제가 자리 잡았다.

민주주의 이념은 모든 인간을 자유롭게 하는 최고의 공동체 정치이념으로 자리 잡았으나 바로 민주주의 이념의 실천을 보장하기 위하여 창안한 민주정치 제도 때문에 공동체를 붕괴시키는 역설적인 결과를 가져오고 있다. 민주정치 이념을 되살리기 위해서는 21세기적 시대환경에 맞도록 정치제도를 고쳐 나가야 한다.

4) 민주정치 제도의 문제점

아무리 좋은 이념, 공동체 구성원 대부분이 지지하는 이념이라 해도 제도가 뒷받침하지 않으면 실현되지 못한다. 남북미의 20여 개 국가들은 미국과 거의 같은 시기에 도착한 서유럽 이민자들이 만든 나라이다. 그리고 시간차는 좀 있었지만 미국이 민주국가로 탄생할 때쯤 미국의 민주주의 헌법을 모방한 헌법을 만들고 민주국가로 출범했다. 그러나 미국과 캐나다 외의 다른 미주 국가에서는 쿠데타가 빈발하고 혁명이 이어지면서 지금도 '완전한 민주국가'가 자리 잡지 못하고 있다.

20세기 후반 소련 공산체제가 무너지면서 그 자리에 민주정치를 표방한 러시아가 탄생하였다. 그러나 불과 10여 년 만에 푸틴이 대통령에 당선된 이후 1인지배의 전제국가로 회귀하고 있다. 천안문 사태 후 민주화의 조짐을 보이던 중국에서도 21세기에 들어서면서 시진핑 주석이 정권 장악과 1인지배의 전제정치를 강화하여 이제는 거의 절대군주체제와 같은 비민주국가로 변신하였다. '아랍의 봄'이라고 중동 이슬람 지역 국가들의 민주화 징후가 세계의 이목을 끌더니 21세기에 들어서면서, 이집트의 엘시시Abdel Fattah el-Sisi 대통령의 재선 과정에서 보듯, 다시 새로운 전제정치체제로 변화하고 있다.

정치체제는 지배 이념과 이를 뒷받침하는 제도로 유지된다. 제도란 질서관리 규범, 규범에 따른 국가관리 조직, 그 조직을 운영하는 공직자 등으로 이루어진다. 이 제도가 이념 실천에 부적합하거나 제도 운영자들의 의식 수준 및 업무 담당 능력이 수준에 미치지 못하면 그 질서는 변질한다.

민주화의 역설은 민주 제도 하에서 개인들이 자유를 누리게 되면 그 자유를 악용하여 결과적으로는 자유를 억압하게 되는 결과를 초래하거나 자유 수호 의지가 점점 감소하게 된다는 점이다. 민주체제와 개인의 자유 보장을 위해 정부가 사회통제 조직력을 갖추지 않게 되면 반체제 세력을 제압할 투쟁력 또한 가질 수 없게 된다. 이런 약점을 악용하여 투지를 가진 소수의 정치 집단이 체제 장악을 시도하면 이 집단이 지배하는 전제주의 정치체제를 쉽게 구축할 수 있게 된다. 이상적 민주정치체제인 바이마르공화국은 1919년에 수립된 후 14년 만인 1933년에 히틀러Adolf Hitler의 나치스당에 의해 접수되고 1당지배의 전제국가로 변질되었다. 소수의 나치스당이 국민 대다수가 선택했던 민주주의 국가를 붕괴시켰다. 조직된 소수와 조직되지 않은 다수와의 싸움에서는 아무리 다수라도 패배하게 된다. 마치 소수의 군대로 다수의 민간인을 쉽게 지배하는 것과 같다.

민주정치체제가 안정적으로 작동하려면 민주적 가치를 수호하려는 깨인 시민들이 사회의 중심 세력으로 조직화되어야 한다. 미국이 200년 동안 민주정치체제를 안정되게 유지할 수 있었던 것은 '교육 받은 중산층'이 높은 시민의식을 갖추고 사회의 중심 세력으로 자리 잡아 민주체제 유지에 적극적으로 나섰기 때문이다.

그러나 21세기에 들어서면서 미국의 민주주의체제도 내부에서 도전을 받고 있다. 산업화의 급속한 진전과 국제화된 경제 질서가 부의 양극화를 가져왔고 사회의 중심 세력인 중산층의 빈민화를 초래하여 민주체제 수호 세력이 약화되었기 때문이다. 미국에서도 이미 '분노한 중산층'의 대두로 대중영합주의가 고개를 들기 시작하고 있어 민주주의체제가 위협받고 있다.

5. 경장이 필요한 민주정치질서

인간은 자기완성적 존재自己完成的 存在이다. 한 사람 한 사람이 모두 자기 삶의 주체이고 자기가 선택한 가치를 추구하며 살고자 하는 개인individual이다. 지배자가 부여한 기능만 수행하면서 살 수 있는 제한된 삶의 주체가 아니다. 인간은 벌과 개미와 같은 태생적인 사회적 존재social being가 아니다. 벌과 개미는 자기 집단의 일부로서 주어진 기능을 할 때만 가치를 가지는 존재이다. 여왕벌과 여왕개미는 2세를 만들어 내는 기능을, 일벌은 일하는 기능을, 병정개미는 집단 보호 전투를 하는 기능을 수행하도록 진화되어 왔고 그 기능을 수행할 때만 삶을 허용 받는다. 집단에서 분리된 개미와 벌은 혼자서 살아갈 수 없다. 그런 뜻에서 개미와 벌은 전형적인 사회적 존재이다.

사람은 자기완성적 존재이면서 삶의 질을 향상하기 위해 타인과 공동체라는 협력 조직을 만들어 개인의 힘만으로는 이룰 수 없는 높은 수준의 삶을 누리고 있다. 로빈슨 크루소Robinson Crusoe처럼 무인도에서 혼자 삶을 이어갈 수는 있으나 결코 만족한 인간다운 삶은 만들어 낼 수 없다. 그래서 역사 이래 인간은 자의든 타의든 공동체 속의 하나의 구성원으로 살아왔다. 인간은 자기완성적 존재이면서 동시에 사회적 존재가 되었다.

인간은 자기완성적 존재로서 자유를 원한다. 또한 사회적 존재로서 자유의 일부를 희생하고 공동체의 일원이 되어 혼자의 힘으로는 누릴 수 없는 윤택한 삶을 영위하고자 한다. 자유와 공존이라는 두 가지 가치의 조화에서 최선의 삶을 누리고자 하는 것이 인간의 욕망이고 이에 부응하는 것이 최선의 공동체 정치질서이다.

인간은 자기완성적 존재로서 추구하는 자유의 극대화와 공동체 속에서 분업과 협력을 통해 최대의 혜택을 누리고자 하는 공동체 운영 원칙으로 민주주의 정치체제를 발전시켜 왔다. 민주주의는 개인 자유 존중, 공동체 일원으로서 져야 하는 의무와 책임을 다하며 최대의 안전과 부를 향유할 수 있도록 자제自制를 조화시키는 장치로 만든 공동체 관리 방식이다.

개인 자유의 최대 보장과 공동체가 마련해주는 최대의 혜택을 누리도록 하는 민주정치체제도 인간이 만든 다른 모든 체제와 마찬가지로 시간의 흐름 속에서 변하는 시대 환경에 맞춰 끊임없이 개선해나가야 한다. 그래야 체제의 존재 의의인 자유와 혜택의 극대화를 유지해나갈 수 있다.

체제의 목적 가치가 불변이어야 한다면 제도의 끊임없는 조정과 변화를 수용하여 목적-수단 간의 조화를 이루어 나가야 한다. 21세기적 시대 환경에서 자유와 평등이라는 불변의 가치 보장을 위하여 현존 민주정치 제도를 어떻게 개선해나가야 하는가? 급변하는 시대 환경 속에서 제도의 경장更張을 해나가야 할 기본 원칙을 살펴본다.

1) 공존 이념의 재확인

민주주의는 나와 타인 간의 공존共存 원리이다. 나와 공동체의 다른 구성원이 똑같이 협력 주체로 참가하여 함께 일해 나가야 한다는 평등 원칙이 공존 체제의 기본이 된다. 서로가 서로를 공동체 구성원의 같은 격을 가진 존재로 받아들이고 내가 추구하는 가치와 다른 구성원이 추구하는 가치의 다름을 서로 존중해주는 데서 민주주의는 시작된다. 격의 평등과 다름의 존중이라는 두 가지는 공존을 위한 최소한의 조건이 된다. 그리고 이 두 가지 조건을 충족하기 위해서는 모든 구성원들이 자제를 의무로 인정해야 한다.

공동체의 하나의 구성원으로서 개인은 무제한의 자유를 주장할 수 없다. 한 사람의 자유는 타인의 자유를 침해할 수 있기 때문에 서로 타협에 의한 자제로 각자 자유의 일부를 누릴 수 있다.

공동체를 위해 자기 자유의 일부를 스스로 희생할 수 있으려면 상대에 대한 사랑이 있어야 한다. 상대를 소중히 여기고 상대를 위해 스스로 자기 희생을 할 수 있는 경우에 진정한 공존 의식이 생긴다. 가족 간에는 이러한 공존 의식이 자연스럽게 형성된다. 가족의 확대인 씨족, 부족 단위가 공동체의 원형이 된 것은 자연스러운 현상이다. 함께 살면서 같은 생활양식을 가진 사람들 간에는 '마음 편안함'이 생긴다. 생활양식의 총화總和를 문화라 한다면 민족은 문화 공통성을 공유한 인간의 집단이고 이들은 공존 의식으로 묶인 자연스러운 공동체가 된다. 다른 이익공동체와 달리 민족공동체는 구성원들 간의 동류의식이 강해서 공존 의지가 쉽게 형성되고, 그래서 21세기까지도 많은 나라에서 민족국가가 으뜸정치공동체가 되어 모든 집단 행위의 단위가 되고 있다.

현재 세계의 전인구는 약 200개의 국가로 나뉘어 있다. 그러나 민족 동질성을 공유하면서 자치정부 건설을 원하는 민족 단위는 약 3,000개가 있다. 그러므로 국가 중에는 단일민족 국가도 있지만 여러 소수 민족으로 구성된 다민족 국가가 많다. 전쟁 등을 겪으면서 여러 민족이 하나의 국가 속에 흡수된 다민족 국가가 형성되었기 때문이다. 이런 다민족 국가 중에서도 비록 민족을 달리하지만 한 나라의 문화 동질성과 국가정체성에 힘입어 하나의 민족의식을 가지게 된 경우도 있다. 그러나 한편으로는 기회만 있으면 독립하고자 하는 소수민족을 안고 있는 국가도 많다. 미국의 경우 다양한 출신의 이민자들이 하나의 나라를 만들었으나 지난 200여 년 동안에 형성된 새로운 '미국 문화'에 친숙해져 모두 '미국인'으로서의 동류의식을 가지게 되었다. 미국 내에서 영국계, 독일계, 프랑스계의 미국인들이 독립하겠다는 운동은 일어나지 않고 있다.

반대로 중국의 경우는 55개 민족이 하나의 중국이라는 국가의 국민으로 편입되어 있는데 이 중에서 위구르족, 티베트족 등은 아직도 기회만 있으면 독립하려 하고 있다. 자기들의 독립 국가를 가지지 못하고 여러 나라에 나뉘어 살고 있는 민족들은 지역 간 갈등의 원인이 되고 있다. 이란, 터키, 이라크, 시리아에 나뉘어 살고 있는 쿠르드Kurd족의 자주독립운동으로 그 지역은 계속 전쟁터가 되고 있다.

민주정치가 정착하려면 국가 내의 모든 사람들이 공존 의식을 공유해야 한다. 이런 공존 의식을 만들어내는 것이 민주주의 정치를 안정화시키는 길이다. 다민족 국가인 경우 민족 간의 공존을 제도화하는 것이 민주주의 정치체제를 굳히는 길이 된다. 민주주의는 다양성을 하나로 만드는 정치E pluribus unum이다.

2) 등가참여 제도의 재조정

자유와 함께 민주주의 이념의 핵심 가치가 되는 평등에 대한 재해석이 필요하다.

자유민주주의 정치체제의 원형이 된 미국 헌법은 "모든 인간이 평등하게 창조되었다All men are created equal"라는 믿음을 바탕으로 한다고 명시하고 있다. 사회 구성원 모두가 신분, 재산, 인종의 차이에 의한 차별을 받지 않고 대등한 정치참여권을 가지며 '법 앞에 평등'을 보장받는다고 규정하고 있다.

공동체 구성원으로서의 격의 평등은 이제 모든 민주국가에서 수용하는 가치이다. 그래서 공직자 선출 과정에서의 투표권 행사 때도 등가참여 원칙이 지켜지고 있다.

모든 구성원의 평등을 국가 통치 제도의 기초로 삼은 것은 인류 역사에서 획기적인 결단이라 할 수 있다. 신분에 따른 계급이 상식화되어 있던 시대 환경에서 계급에 따른 차별을 없앴다는 것은 혁명적 결단이었다. 계급 철폐는 일부 '인민민주전제'를 주장하는 공산국가를 제외하고 모든 국가가 수용하는 민주정치체제의 기본이 되었다. 평등 가치는 국가공동체 구성원을 하나의 국민으로 통합하는 데 결정적 역할을 하였다. 평등 원칙은 모든 구성원이 신분의 차이를 넘어서고 동류의식을 가지게 만들어 이들 모두를 국가정치 과정에 적극 참여할 수 있도록 만들었다. 그러나 평등 가치에 기초한 등가참여 원칙은 21세기적 시대 환경에서는 많은 문제를 야기하고 있다. 산업화 이전의 단순한 농업 사회에서는 상식적 판단만으로도 정부 운영 공직을 수행할 수 있었으나 고도의 전문성을 필요로 하는 오늘날에는 정부의 기능 수행에 있어 아무나 공직을 담당해서는 안 되기 때문이다. 축적된 경험과 지식을 갖추지 않은 사람이 공무를 수행하도록 해서는 공동체 운영이 불가능해졌기 때문이다.

사람의 능력은 같지 않다. 유능한 사람이 있고 무능한 사람이 있다. 전문 지식을 갖춘 사람이 있고 그렇지 못한 사람이 있다. 이러한 차이를 무시하고 자격을 갖추지 않은 사람에게 공직을 맡기면 재앙이 된다. 국가의 중요 정책 수립을 필요한 지식과 경험을 갖추지 못한 사람에게 맡기면 공동체 자체가 허물어진다.

사회가 발전하면서 정부가 해야 할 일, 공공기관이 해야 할 일들은 점점 더 복잡하고 어려워지고 있다. 이에 따라 갖추어야 할 지식과 능력도 점점 더 전문화되고 있다. 이제는 등가참여의 원칙을 무제한 적용할 수 없는 시대가 되었다. 이미 정치참여 외의 영역에서는 기회평등-전문성 검증-선택적 참여로 평등권의 적용을 재해석하고 있다. 환자 진료는 전문 훈련을 받고 국가시험에 합격한 의사만 할 수 있도록 제한하고 있고 재판관 또한 마찬가지이다. 그밖에도 공익 보호를 위해 전문 지식을 필요로 하는 업무는 담당자의 능력과 경험을 검증하여 맡기고 있다. 기회의 평등이 보장되는 한 이러한 전문성 검증 제도는 평등 원칙 위배로 보지 않는다.

문제는 민주정치 핵심 기관인 입법부 구성에서의 '등가참여' 원칙 적용 여부다. 국가정책 결정에 직접적으로 참여하는 의원 선출에서 전문성 검증이 이루어지지 않아 무자격, 무능력한 자가 선출됨으로써 바른 국가정책 수립이 어려워지고 있다. 국민의 의식과 판단력 수준이 높으면 국민들의 투표 과정에서 부적격자가 배제될 수 있지만 그렇지 못한 후진국에서는 무능력자의 의회 진출을 막을 수 없게 된다.

정당이 제 기능을 하여 입후보 선발 과정에서 점검할 수 있는 방법이 있지만 민주정치의 정상 운영은 어려움을 겪게 된다. 의원 입후보 선정에서도 출마할 수 있는 기회평등은 보장하되 적실성 검증의 제도를 도입해야 민주정치가 제대로 기능할 수 있게 된다. 등가참여 제도의 개선이 민주주의체제 유지에 절대적으로 필요한 시대가 되었다.

3) 공존을 위한 정치문화의 정착

민주정치는 공존의 정치이다. 누가 누구를 위해 봉사하는 정치가 아닌 구성원 모두가 함께 도우며 살자는 정치이다. 사람은 협력에서 얻어지는 이익 때문에 타인과 협력한다. 타협에 기초한 공존 합의이다. 그러나 사람은 이와 같은 공리적 계산에서만 타협하는 것이 아니다. 남을 챙기고 도우려는 마음이 있어서 돕는다. 인간의 의도적intentional 행위는 기대 이익을 예상하여 행위를 선택하는 이성적 판단으로 이루어지기도 하지만 돕고 싶은 마음mind이 있어 이루어지는 감성적 선택의 결과이기도 하다.

마음mind이 무엇인지에 대해서는 아직도 과학적으로 설명하지 못하지만 인간 행위에서 마음이 절대적으로 중요한 동기가 된다는 사실은 모두가 알고 있다. 행동과학behavioral science을 배울 때 한 교수가 나에게 행위 분석에서 심리적 요소에 지나치게 집착하지 말라Don't psychologize는 주의를 주었지만 나는 지금도 행위 선택에서 마음이 가장 중요한 요소가 된다고 믿는다.

사람은 대상이 되는 사람이나 물체에 대하여 호의好意를 가지게 되면 타산적인 이익을 생각하지 않고 상대가 이익을 얻도록 돕는다. 나보다 상대를 더 생각하는 마음을 사랑이라고 한다. 상대를 배려care하는 마음이 사랑인데 이 사랑이 바탕이 되면 상대와 쉽게 '공동체'를 이룰 수 있다. '공존 의지'가 민주공동체 형성의 기초가 된다.

유교儒教 가르침의 핵심은 천인합일天人合一이다. 대자연의 질서를 하늘天로 표현하고 있는데 사람들이 배움을 통해 그 질서 원리를 터득하게 되면 하늘과 내가 하나가 되는 천인합일이 이루어지고, 사람들은 하늘이 마련한 공존공생의 질서로서 같은 생각을 가진 다른 사람과의 공존을 수용하게 된다고 가르쳤다. 그러므로 사람을 가르쳐 하늘 질서를 깨닫게 하는 것이 공존 의식을 바탕으로 하는 공동체 유지의 관건이라고 했다. 정치학 용어로 표현한다면 민주정치의 안정적 정착을 위해서는 시민들이 공존 의식을 가지게 되는 정치문화를 조성해주어야 한다는 말이 된다.

공동체 구성원들의 자율적 참여 체제인 민주주의 정치체제가 자리 잡게 하려면 구성원들이 공존 의식을 갖추게 만드는 일이 가장 소중한 과제가 된다. 사회 구성이 복잡해지고 이에 따라 다양한 이익집단이 생겨나면서 집단 간의 투쟁이 격심해진 21세기적 시대 환경에서는 이익집단 간의 투쟁이 사회의 불안정을 야기하는 요소가 되었다. 정부의 힘의 통제가 아닌 시민의 자율참여로 작동하는 민주정치를 화합과 공동번영의 정치로 만들기 위해서는 구성원들의 민주의식 강화, 공존공생을 존중하는 정치문화의 심화가 절대적으로 필요하다. 특히 민주정치체제를 구성하는 입법, 사법, 행정 기구에서 공직을 담당하는 공직자들이 민주의식을 갖도록 하는 일이 필요하다. 이들이 공동체 구성원들에 대해 함께 살아가는 동료라는 배려의 '마음'으로 봉직하게 될 때 민주정치는 가장 바람직한 공존의 질서로 자리 잡게 될 것이다.

민주정치의 기본인 구성원들의 공존 의식을 강화하기 위해서는 특단의 노력이 필요하다. 과학기술의 발달로 지식과 기술의 첨단화, 이에 따른 세분화가 일어나며 직업이 다양해지고 사회가 파편화되고 있다. 다른 직업, 다른 수준의 책임을 맡고 일하는 사람들은 서로 '다른 세상'에서 살아가고 있다. 이해관계뿐만 아니라 가치관도 달라져 공통의 국가관을 기대하기 어려워지고 있다.

사회의 종적인 파편화도 함께 진행되고 있다. 20세기 초반까지만 해도 대학 수준의 교육을 받고 얻게 된 지식과 기술은 그 '유효 기간'이 수 십 년 이상 지속되어 평생을 지식인, 전문가로 살 수 있었다. 그리고 자기가 습득한 지식과 기술을 후세에 전수하면서 스승이나 원로 대접을 받고 살았다. 그 시대에는 세대 간의 의식 차이도 크지 않았다.

21세기에 들어서는 새 지식의 유효 기간이 10년도 채 되지 않을 정도로 줄어들었다. 수십 년 전에 대학을 졸업한 사람은 지금은 무학無學 수준으로 전락한다. 신新세대의 후배들과는 국가관, 사회관, 역사관이 모두 달라져 대화가 어려워진다. 관심과 지식이 달라지면서 세대 간의 의식 차이는 사회를 종적으로 파편화시키고 있다. 7~80대에 이른 세대의 한국인들이 생각하는 '대한민국'은 젊은 세대가 볼 때 '당신들의 대한민국'이고, 자기들의 '우리들의 대한민국'은 전자와는 다르며 또 달라져야 한다고 생각하고 있다. 이러한 세대 간 의식 차이는 세대 갈등을 빚어 사회를 분열시키고 있다.

구성원들이 직업과 세대를 넘어 하나의 공동체에 소속되어 있다는 동류의식을 갖게 하기 위해서는 의식적인 사회통합 노력이 필요하다. 동류의식은 구동존이求同存異의 생각을 구성원들이 나누어 가질 수 있을 때 형성된다. 생활 속에서 동류의식을 느낄 수 있는 계기를 지속적으로 마련하고 또한 교육을 통해 그런 의식을 느끼게 만들어야 직업, 세대 간의 이질화 흐름과 사회 파편화를 막을 수 있다. 직업과 세대가 달라도 주말의 야구경기장 스탠드를 메운 '동향 사람'들의 응원 열기는 동향 사람들 간의 동류의식을 강화한다. 영화, 문학 작품을 통해 얻어지는 '같은 감동'도 이질화를 극복하는 교육이 된다. 공통된 역사교육도 공동체 구성원 간의 관심과 세계관, 국가관을 합치시키는 중요한 노력의 하나이다.

민주정치 이념의 근간인 '다양성을 하나로E pluribus unum'라는 목표는 바로 '구동존이'의 사회통합 노력에서 이루어진다. 21세기 시대 환경에서 민주정치를 안정적으로 발전시키기 위해서는 이러한 정치문화 영역에서의 노력이 절대적으로 필요하다.

맺는말 | 공존 정신이 답이다

인간은 대자연을 이루는 수많은 구성체 중의 하나인 호모_{Homo} 속屬에 속하는 동물 집단이다. 함께 살아가고 있는 여러 동물과 비교해서 크게 다를 것이 없는 포유동물이다. 다만 진화 과정에서 다른 동물보다 더 나은 지능을 갖추었을 뿐이다. 인간은 이 지능을 활용하여 공동체를 구성하고 엄청난 힘을 만들어 내는 분업과 협력 제도를 창출해 냈다. 그리고 그 힘을 이용하여 다른 모든 동식물을 제압하고 지배하면서 지구의 주인이 되었다.

인간은 삶의 질을 높이기 위해 수많은 동식물을 변형, 멸종시켰다. 그리고 오랫동안 존속해온 자연질서를 파괴하면서 땅의 모습, 강의 흐름, 기후, 공기의 구성 등도 변화시켜 놓았다. 뿐만 아니라 같은 인간도 뜻을 달리 한다고 수천 만 명씩 살해하였다. 21세기의 지구 환경은 인류공동체가 등장하기 전과는 비교할 수 없을 정도로 나빠졌다.

오만傲慢은 자멸自滅을 부른다. 다른 동물보다 조금 나은 지능을 가졌다고 인간은 오만하게 지구를 인간 중심의 삶의 마당으로 변질시켰다. 또한 선진 국가는 남보다 조금 더 효율적인 공동체를 만들었다고 이를 이용하여 다른 종족, 다른 민족, 다른 국가를 탄압하였고, 폭압적 인류 사회질서를 만들어 왔다. 그 결과로 인류는 21세기가 끝나기 전에 인류 문명 자체의 멸절滅絶을 자초할지도 모른다. 인류는 이미 전 지구의 모든 생명체를 죽일 수 있는 핵무기를 만들어 소장하고 있다. 국가 간 갈등이 심화되어 누군가가 이 무기를 사용하게 되면 인류공동체는 자멸하게 될 것이다.

인간이 지구의 지배자가 된 것은 인간이 창출해낸 공동체 덕분이다. 분업과 협력을 통해 시너지 효과를 창출할 수 있는 인간 조직체가 공동체이다. 그리고 이러한 공동체들을 관리, 운용하는 으뜸공동체가 국가이다. 인간이 이루어낸 상상초월의 문명은 모두 이 국가공동체가 이루어낸 것이다. 문제는 이것이 인류 사회에 축복을 가져올 수도 있고 재앙을 가져 올 수도 있는 '양날의 검'과 같은 조직이라는 점이다. 이 공동체를 나와 우리만의 행복을 위해 지배 도구로 쓰면 피해를 받게 되는 인간들에게는 재앙의 도구가 되고, 공존의 터전을 만드는 도구로 쓰게 되면 모든 인간에게 축복의 기구가 된다.

인간이 만든 정치공동체는 시대 환경에 따라 왕정, 1당지배의 전제정, 민주공화정 등 다양한 형태의 정치체제로 변천해 왔다. 각각의 정치체제는 모두 그 시대 환경이 요구하는 공동체의 핵심 추구 가치에 맞추어 형성되었다. 그리고 그 추구 가치는 당대 구성원들의 정치의식을 반영하여 결정되었다. 씨족 사회, 부족국가 사회 등 원시공동체에서 18세기에 이르기까지 동서양을 막론하고 거의 모든 국가가 절대군주에 의해 통치되었다. 이러한 군주제 국가에서는 소수 지배층만이 통치에 참여할 수 있고 국가가 부여하는 특권을 누릴 수 있었다. 대부분의 나머지 공동체 구성원은 국가의 요구에 봉사를 제공하는 의무만 지고 권리는 거의 갖지 못하였다.

르네상스 시대를 거치면서 서구 사회에서는 만민평등 사상이 확산되기 시작했으며 국민들의 '주체적 시민의식'이 깊어지기 시작했다.

특히 18세기에 시작된 산업혁명으로 사회 구조가 급격히 변하면서 '계몽된 시민들'에 의한 시민혁명이 선진 산업사회에서부터 확산되어 왕정이 공화정으로 변하기 시작했다. 공동체 구성원은 신에 의해 모두가 평등하게 창조되었다는 만민평등 사상과 공동체 구성원 모두가 주권을 공유해야 한다는 주권재민 사상이 함께 자리 잡게 되면서 미국을 비롯한 서구 선진국에서부터 민주공화정이 뿌리내리기 시작하였다. 그리고 모든 사람은 '인간존엄성이 보장된 자유'를 보장받아야 한다는 기본 인권 사상이 보편화되었다.

인류 역사에서 20세기는 큰 의미를 가지는 세기로 기록될 것이다. 모든 인류가 똑같이 '인간존엄성이 보장된 자유'를 누릴 수 있어야 한다는 자유와 평등 가치가 되돌릴 수 없는 절대적 보편 가치로 자리 잡은 시기이기 때문이다. 그리고 이때 이 두 가지 가치를 모두 포용하는 정치체제의 기본 질서인 '민주평화질서'가 모든 인류 사회의 표준 정치공동체로 자리 잡았다. 공동체 구성원 모두 동등한 주권자의 자격을 보장받고 이들이 서로 협력하여 공동선 추구와 공존을 모색하는 정치질서가 평화질서이다.

평화질서의 핵심은 공존共存의 합의이다. 공동체 구성원 간의 공존 합의로 국가 내의 평화질서가 구축될 수 있고 국가 간 공존 합의로 세계 평화질서가 마련될 수 있으며 인간과 다른 동물과의 공존으로 자연계의 평화질서도 구축할 수 있다.

공존은 자제가 전제되어야 가능하다. 공동체 구성원 모두가 각자의 꿈과 욕심의 일부를 스스로 포기하고 다른 구성원과 함께 공동선을 타협해 나갈 때 공존은 가능해진다. 각각 서로의 다른 점, 다른 이해관계를 최대한 존중해주면서 함께 원하는 공동의 목적에 대하여 합의해 나가는 구동존이求同存異의 겸허한 시민의식을 모두가 갖추게 되면 그 공동체는 안정과 번영을 누리는 평화질서를 유지할 수 있다.

인류 문명의 자멸을 가져올지 모르는 개인과 집단의 이기적 도전을 극복하고 세계 인류가 계속 자유와 번영을 누리는 시대를 열어가려면 세계 모든 인류가 공존 정신을 공유해야 한다. 개인, 집단, 국가 간의 공존, 그리고 인간과 다른 생명체들과의 공존, 나아가 인간과 자연계와의 공존으로 그 범위를 넓혀 갈 때 모두가 마음 편히 살 수 있는 세상과 평화공동체를 구축할 수 있을 것이다.

인류 문명의 종언을 피할 수 있는 길은 공존 정신을 바탕으로 하는 평화공동체를 만드는 것이다. 대자연은 인간이 지배할 수 있는 대상이 아니다. 만물이 공존하도록 설계된 자연질서에 인간이 순응하면서 공존을 이념으로 하는 평화공동체를 건설해 나갈 때, 인류 문명은 21세기의 장벽을 넘어 영속할 수 있을 것이다.

제2부

자유 민주 이념

평화공동체의 목표 가치

자유는 타인의 자의恣意로부터의 해방, 그리고 스스로의 삶을 펼쳐 갈 수 있는 조건의 보장을 말한다. 사람은 모두 자기의 뜻대로 자기가 하고 싶은 일을 성취하고 싶어 한다. 그러나 사람들은 공동체 속에서 다른 사람과 함께 살아가야 하므로 서로 타인의 자유도 존중, 배려하는 등의 공존을 위한 자제도 불가피하다. 자유는 서로의 다름을 존중하면서 자기의 다름을 극대화하는 공동체 구성원들 간의 합의로 이루어진다. 이것이 평화질서이다.

공동체 구성원의 자유는 구성원들이 공동체질서의 창출, 관리, 개선에 직접 참여하는 자율 제도가 이루어질 때 가능해진다. 자유와 민주는 공동체 구성원들이 서로의 뜻을 존중하고 같은 권리를 가진 존재로 인정하는 평화질서의 기초가 된다.

변화하는 시대 환경 속에서 자유와 민주 이념을 어떻게 다루어왔는지를 살펴본다. 그리고 이 이념들을 왜 시대를 초월하여 우리가 지켜야 할지를 논한다.

제 2 부

자유 민주 이념
평화공동체의 목표 가치

들어가는 말

나는 정치학 입문 교과서를 쓰면서 평화를 "공존에 대한 자발적 합의"라고 정의했다. "공동 목표를 지향하고 서로 협조하는 인간 집단이 공동체"이고, "공동체의 질서를 설계, 관리, 필요할 때엔 개선해 나가는 의식적 노력이 정치"라고 정의했다. 인간이 인간 문명을 말살시킬 수 있는 수단을 손에 쥐고 있는 21세기에 우리는 어떻게 정치체제를 구축하여 인류 문명을 지키고 관리해야 하는가? 우리는 공멸共滅의 시대 환경에서 공존共存의 질서를 만들어 내야 한다.

공존 질서는 공동체 구성원이 평화를 공동체 목표 가치로 삼을 때 만들어진다. 공동체 구성원으로서의 격의 동등이라는 평등사상이 평平이고 서로의 다름을 존중하는 정신이 화和이다. 같음同과 다름의 존중和은 다르다. 구성원의 자유를 지키려면 다름을 존중하고 허용해야 한다. 그래야 자유와 평등의 가치가 지켜지는 질서가 완성된다.

제2부에서는 21세기의 민주정치체제가 지향해야 할 목표 가치로 자유와 평등을 아우르는 개념인 평화를 시대 환경에 맞추어 실천적 가치로 정리해본다. 평화질서 실천을 위해 필요한 제도적 장치의 보완 대해서는 제3부에서 논한다.

제1장 자유, 평등, 주권재민 사상의 보편화

인간은 자기완성적 존재로서 자기의 삶을 스스로 계획하며 스스로 관리하고 스스로 즐길 줄 아는 개체individual이다. 그러나 인간은 삶의 질 향상을 위해 타인과 협력 및 분업을 해왔고 시너지 효과를 극대화하기 위하여 공동체를 형성하며 살아왔다. 그리고 공동체의 구성원이 되면서 규범체계에 묶이고 공동체 관리자의 힘에 의한 강제적 통치에 복속되면서 '사회적 존재social being'가 되었다. 이제 인간은 공동체를 떠나 살 수 없다. 공동체가 보장하는 다양한 편의를 혼자서는 확보할 수 없기 때문이다.

인간은 편의와 삶의 질 향상을 위해 국가 등의 공동체를 만들고 여기에 복속하며 살아왔지만 그 틀 속에서도 자기완성적 존재로서의 삶을 지켜나가기 위해 공동체의 조직 원리를 고치고 개인의 자유를 극대화 할 수 있도록 노력해왔다. 수천 년의 인류 역사는 이러한 개인 자유를 극대화하기 위한 정치체제의 개혁을 추구해온 기록이며 그래서 우리는 인류 역사를 '개인 해방의 역사'로 보고 있다.

인간은 20세기를 마감하면서 '인간존엄성을 보장하는 자유'를 공동체 운영의 최고 목표 가치로 삼고 민주주의 정치체제를 만들어 냈다. 그리고 이러한 정치체제의 존속을 위해 시대의 변화에 따른 조율 작업을 끊임없이 진행하고 있다. 그러나 목표 가치로서 자유와 평등, 그리고 이를 실현하는 정치체제 운영 지침으로서의 주권재민 원칙은 불변이어야 한다. 인간은 오랜 역사를 거쳐 진화해오면서 수많은 시행착오를 통해 삶의 틀인 정치체제를 발전시켜왔다. 자유와 평등, 주권재민의 원칙을 오늘날의 모습으로 확립시켜 삶의 주체로서 존엄성을 지키고 타인과 대등한 관계에서 협동을 이루며 살게 되었다. 자유, 평등, 주권재민 등 이 세 가지 원칙은 급변하는 시대 환경 속에서도 포기할 수 없는 근본적 가치이며 모든 정치 개혁에서도 수호해야 할 불변의 지침으로 삼아야 한다. 그것이 인류 문명의 존속을 위협하는 자연적, 인위적 환경 변화에서 인간이 살아남을 수 있는 길이기 때문이다.

이 장에서는 자유와 평등, 그리고 이 두 가지 가치를 실현하는 수단으로서 자율정치체제 구축의 기본 지침이 되어야 할 주권재민 원칙을 논한다.

1. 자유

인간은 자신의 삶을 기획하고 삶의 방식을 선택하며 꿈을 이루기 위해 노력하고 책임을 지는 주체이다. 어떤 조직체의 부분으로만 살아갈 수 있는 존재가 아니다. 이러한 자기완성적 존재로서 인간의 최고 가치는 자유이다. 타인의 자의에 의해 지배받는 삶이 아닌 자유를 누리고 싶어 하는 자존적 존재이기 때문에 자유를 최고의 목표 가치로 삼는다. 그러나 인간은 혼자서 이룰 수 없는 삶의 환경을 확보하기 위해 다른 사람과 협동하는 삶의 방식을 생각해냈고 이를 위해 공동체를 만들거나 참여하여 집단적 생활을 하기 시작하였다. 공동체의 소속원이 되면 혼자서 이룰 수 없는 많은 것을 얻을 수 있으나 그 대신 자유의 일부를 포기해야 한다. 공동체 유지를 위해 만들어 놓은 규범을 준수해야 하고 공동체 기능 수행에 일정 부분 노력 제공과 의무를 분담해야 한다.

인간은 스스로의 선택으로 공동체에 가입하는 경우도 있고 주어진 조건 때문에 피동적으로 참여할 수도 있으며 타인의 강제에 의해 가입될 수도 있다. 인간은 인류 문명사의 시작부터 몇 가지 공동체의 일원이 되어 살아오면서 사회적 존재가 되었다.

인간은 자기완성적 존재이면서 동시에 사회적 존재라는 이중적 지위를 갖게 되었다. 인간의 역사는 이러한 이중적 인격 사이의 관계 조정의 역사라고도 할 수 있다.

개인의 관점에서 공동체를 인식할 때는 자기의 자유를 최대한으로 지키려 하게 된다. 공동체가 제공하는 최대의 편의를 얻으면서도 개인의 자유를 극대화 하려는 것이 인간의 자연스러운 경향이다. 그리고 공동체는 이러한 구성원 개개인의 소망을 최대한 보장해주는 것이 가장 바람직하다. 개인이 추구하는 '인간존엄성이 보장된 자유'를 최대한으로 보장해주면서 공동체 구성 목표인 집단적 시혜를 해줄 수 있을 때 그 공동체는 가장 이상적인 공동체가 된다.

국가라는 정치공동체는 생존 경쟁이 치열한 환경에서 구성원의 안전과 풍요라는 공동선을 최대한으로 보장해주기 위해 효과적인 투쟁방식으로 구성원의 자유를 일부 제한하고 '집단의 힘'을 증대해왔다. 그러나 투쟁을 하지 않고도 다른 방법으로 구성원의 욕구를 어느 정도 충족시킬 수 있는 환경이 이루어지면 구성원의 자유를 최대한 보장해주어야 한다.

국가 간 생존 경쟁이 치열했던 지난 수천 년의 역사를 되돌아보면 어느 국가나 개인의 자유를 극도로 제한하는 전제적 정치체제가 유지돼왔음을 알 수 있다. 시대 환경이 전제정치를 불가피하게 만들었기 때문이다. 20세기는 국가 간의 생존 경쟁이 최고조에 달했던 세기였으며 혹독한 전체주의-전제정치가 가장 성행하였다. 나치즘, 파시즘, 레닌이즘, 마오이즘, 일본 군국주의는 인류 역사상 가장 혹독한 전제정치를 정당화하는 논리로 개발된 정치이념이었다.

21세기에 들어서면서 국가 간 생존 경쟁은 새로운 형태로 전개되고 있다. 인간이 개발한 무기의 살상력이 너무나 커져서 이제는 어느 국가도 무력투쟁에서 일방적 승리를 기대하기 어려워졌다. 전쟁은 승자와 패자를 모두 공멸시키는 상태가 되면서 생존 경쟁의 수단으로는 모두 기피하는 수단으로 되어가고 있다.

국가 간 생존 경쟁은 이제 다른 수단으로 이루어지기 시작하였다. 경제전, 정보전, 정치전 등의 여러 형태로 진행되고 있다. 뿐만 아니라 초국가적 협력공동체를 만들어 경쟁보다는 국가 간 협력으로 모두가 승자勝者가 될 수 있는 국제질서 구축이 활성화되고 있다. 이제 국가 간 생존 경쟁은 협력 확보 경쟁으로 바뀌는 새로운 정치환경이 조성되었다.

새로운 정치환경에서 국가의 운영체제에 변화가 일어나고 있다. 다수의 병력을 무장시켜 전쟁으로 자국의 이익을 확보해오던 시대가 지나가고 과학기술로 생산 능력을 높여 경제적 영향력을 키우는 것이 경쟁 수단이 되었다. 여러 나라와 협동 체제를 구축하는 외교 역량이 국력이 되는 새로운 시대 환경에 접어들면서 나라마다 자국 국민의 지식과 기술 수준을 높이는 데 주력하고 있다. '노동의 '질 향상이 경쟁력을 증대하기 때문이다.

노동의 질은 사회 구성원 각자의 높은 지식과 창의로 결정되는데 창의는 강압으로 만들어지지 않고 '자유로운 정신'에서만 창출된다. 각 국가는 개개인의 창의를 존중하는 개인 자유 확대에 관심을 가지게 되었고 이에 따라 공동체 구성원 각자의 자유를 최대한 보장하는 민주정치체제를 선호하게 되었다.

21세기적 새로운 정치환경에서 다시 주목받기 시작한 개인의 자유 보장과 자유 신장의 제도적 장치를 점검해 본다.

1) 기본 인권의 보장

"우리들은 다음과 같은 것을 '자명한 진리'라고 생각한다. 즉 모든 사람은 평등하게 태어났으며 조물주는 몇 개의 양도할 수 없는 권리를 부여하였는데 그 권리 중에는 생명과 자유와 행복의 추구가 있다. 이 권리를 확보하기 위하여 인류는 정부를 조직했으며 이 정부의 정당한 권력은 인민의 동의로부터 유래하고 있다". 이 글은 1776년에 제정된 미합중국의 독립선언문 내용이다. 오늘날 모든 민주주의 국가의 헌법이 모범으로 삼고 있는 내용이다.

이 선언은 시민혁명을 거쳐 이루기 시작한 민주정치의 모든 목표 가치를 간결하게 제시하고 있다. 첫째로 사람은 하늘이 마련해준 권리를 가진 존재로 누구도 그 권리를 침해할 수 없다는 내용을 담고 있다. 사람은 천부인권을 가진 삶의 주체라는 중요한 선언이다. 둘째로 이 선언은 천부인권에는 생명과 자유의 보장과 행복추구권이 포함된다는 기본 인권의 내용을 포함하고 있다. 자유는 누구도 침해할 수 없는 하늘이 준 인간의 권리임을 밝히고 있다. 셋째로 모든 사람은 평등하게 태어났다는 만민평등의 원칙을 선언하고 있다. 평등은 누구도 훼손할 수 없는 원칙이다. 넷째로 정부는 자기 삶의 주체인 사람들이 만든 것이고 이 정부가 행사하는 권력은 인민의 동의에서 나오는 것이라는 주권재민 원칙을 밝히고 있다. 이 선언을 통해 민주정치의 핵심 가치인 자유와 평등권, 그리고 주권재민의 원칙은 누구도 침해해서는 안 되는 '기본 인권'으로 자리 잡았다.

기본 인권은 사람이 사람답게 살 수 있는 권리로 자기완성적 존재인 인간이 삶의 주체로 살아갈 수 있도록 하는 기본 조건이다. 따라서 정치체제를 만들 때 반드시 지켜야 할 지침이 되고 있다.

미합중국 독립선언문을 쓴 프랭클린Benjamin Franklin, 해밀턴Alexander Hamilton, 제퍼슨Thomas Jefferson 등은 존 로크John Locke 1632-1704의 사상에 크게 영향을 받았으며 특히 로크의 자연법 사상을 그대로 승계했다. 로크는 『통치론 Two Treaties of Government』에서 "자연법은 신의 의지의 선언이며 옳고 그른 것의 표준이 된다"고 주장하고 인간의 자유는 신이 준 것이라고 했는데 이런 자연법 사상이 천부인권설의 기초가 되었다. 미국 독립선언문에 담긴 천부인권 사상은 지금까지도 민주주의 이론의 바탕이 되고 있다.

기본 인권은 그 후 많은 사람들의 손을 거치면서 구체화되었다. 맥두걸Myres S. McDougal 교수는 라스웰Harold D. Lasswell 교수 등과 함께 쓴 『인권과 세계 공공질서 Human Rights and World Public Order』라는 저서에서 기본 인권을 다음과 같이 구체화하였다. ① 인격의 존엄성을 존중 받을 권리 ② 공동체 의사결정에 참여할 수 있는 권리 ③ 지식과 정보를 파급하고 즐길 수 있는 권리 ④ 육체적·정신적 건강과 발전을 누릴 수 있는 권리 ⑤ 부의 생산과 사용에 관한 차별 없는 자유 ⑥ 기술 습득과 활용에 관한 자유 ⑦ 개인과 집단에 대한 호감을 당당하게 지킬 수 있는 권리 ⑧ 공동체 생활에서 공정하게 평가 받을 수 있는 권리 등이 그 내용이다. 그리고 인권의 침해란 이러한 권리가 정부에 의해서 박탈deprivation 당하거나 미충족nonfulfillment 되는 것을 말한다고 했다.

미국 독립선언서에서 "인간의 양도할 수 없는 권리"로 규정한 세 가지, 즉 생명보호추구권, 자유추구권, 행복추구권에서 주의할 것은 이들 권리는 어디까지나 추구할 수 있는 권리이지 정부가 이 가치들이 충족되도록 보장해야 한다는 것은 아니었다. 행복은 누릴 권리가 아니라 추구할 권리임을 알아야 한다. 이 차이가 후에 공산주의에서 악용하는 길을 열어 주었다. 공산주의자들은 행복을 누릴 권리라고 주장하였다. 이를 보장하기 위해 국가가 가진 자의 개인 자산을 몰수하여 없는 자에게 나누어 주어야 한다는 논리를 도출하였다.

시민의 생명, 자유, 평등, 행복추구권을 어떻게 보장할 것인가? 가장 기초적 장치로 생각해낸 것이 이들 가치의 보장을 국가의 운영 원칙으로 헌법에 규정하는 것이었다. 민주주의 헌법인가 아닌가는 헌법에 국민의 기본권 보장을 규정하고 있는가 아닌가로 판단한다.

오늘날 모든 민주국가의 헌법에는 예외 없이 기본권을 보장하는 조항이 포함되어 있다. 그리고 기본 인권 존중의 정치이념이 보편화되면서 이제는 한 나라의 헌법상의 권리에서 더 나아가 인류 보편의 권리로 인정되고 있다. 국제질서에서도 초국가적 보편적 가치로서 모든 국가가 존중하도록 하고 있다. 국제연합은 '인권규약'이라는 다국적 조약을 만들어 모든 국가는 다른 국가 내에서의 인권 침해를 함께 막아야 하는 책임R2P: Responsibility to Protect을 지게 하고 있다.

2) 자아실현 조건의 능동적 보장

시민혁명 초기에 자유란 국가 권력의 침해를 받지 않는, '타인의 자의로부터의 해방'이라는 소극적 개념으로만 인식되었다. 그러나 무제한의 자유 보장으로 빈부 격차가 심화되기 시작한 산업화 시대에는 '모든 시민이 자유를 누릴 수 있는 환경 보장'이라는 적극적 개념으로 발전하기 시작했다. 극빈 상태로 전락한 시민들에게 있어서 자유의 보장이란 '굶어 죽을 자유' 밖에 되지 않는다는 비판이 일어났기 때문이다. 고도산업 사회로 들어선 선진국의 경우 자유 경쟁에서 뒤쳐진 시민들이 실질적으로 '사람답게 살 수 있는 권리'를 누릴 수 있게 하기 위해서는 정부가 개입하여 최소한의 생활 여건을 마련해 주는 것이 진정한 '자유 보장'이라는 주장이 나오기 시작했다. 문제는 정부가 시민 모두에게 '자아실현 조건'을 능동적으로 보장하려면 여유 있는 시민들의 행복추구 권리 일부를 제약해야 한다는 점이다. 공동체 구성원 모두가 고르게 부를 누리게 한다는 생각이 앞서면 '천부인권'으로 인정한 개개인의 자유로운 행복추구권은 보장하기 어려워진다. 이러한 모순을 슬기롭게 풀어나가야 하는 것이 새 시대의 정치적 과제 중 하나이다.

현재 경제발전 수준이 높은 나라에서는 빈익빈 부익부 현상이 심화되고 공동체의 정치적 분열이 일어나고 있다. 이상적인 해결 방안으로는 공동체의 공동선을 생각하는 성숙된 시민의식으로 '가진 자'의 자제를 유도하는 방법이 선호되고 있다. 개인과 공동체의 집단이익과의 조화는 민주주의 정치체제 유지를 위해 풀어야 할 가장 어려운 과제이다.

2. 평등

공동체는 구성원 간의 협력으로 개인으로는 할 수 없는 일을 이루어내고 시너지 효과를 극대화하기 위해 만든 인간의 집단이다. 이런 공동체에는 구성원들의 자발적 참여로 이루어진 것과 강압 등에 의해 구성원의 뜻과 관계없이 이루어지는 것이 있다. 민주공동체는 자유로운 인간이 자발적으로 만든 공동체이다. 구성원의 자발적 참여를 유도하기 위해서는 자유로운 개인, 주체적 행위자로서 구성원들의 격의 동등을 보장해야 한다. 그래서 평등은 민주공동체 형성의 기본 가치가 된다.

민주공화국으로 새로운 국가 창설을 결정하고 독립선언서를 작성했던 미국의 '건국의 아버지들Founding Fathers'은 그래서 자유와 함께 평등을 시민의 '천부인권'으로 규정하였다. "모든 사람은 평등하게 태어났다"는 것을 자명의 진리라고 선언하고 있다.

평등이란 무엇인가? 공동체 구성원들이 구성원으로서의 자격에서 차별받지 않고 같은 지위를 누리게 한다는 뜻이다. 이러한 격의 동등은 공동체 운영에 참여할 수 있는 동등한 권리 행사, 그리고 공동체가 공여하는 혜택을 누리는 데서 차별받지 않을 권리를 포함한다. 그리고 미리 정해진 신분에 따른 차별을 받지 않고 공동체가 정한 규범을 똑같이 따라야 하고 법 적용에서도 차별받지 않는다는 '법 앞에 평등'도 포함한다.

문제는 공동체 유지에 기여한 공적의 차이와 관계없이 혜택도 동일하게 받는 것이 평등권에 포함되어야 하는가이다. 사람마다 타고난 재능과 노력으로 습득한 능력 등이 다 다르다. 그리고 이에 따라 공동체에 대한 기여도도 다르다. 이렇게 다른 기여에 똑같은 보상을 해주는 것도 평등의 내용이 되어야 하는지가 문제가 된다. 차등 기여에 같은 보상을 한다는 것은 많은 것을 내어놓은 다른 공동체 구성원의 성취를 잠식하는 결과가 되어 오히려 평등 원칙에 위배가 되기 때문이다.

인류가 만들었던 공동체는 근세에 이르기까지 모두 실제 기여와는 관계없이 원칙에 따라 기여와 보상을 연계하는 '불평등' 공동체였다. 신분에 따른 차별, 직업에 따른 차별, 종교와 인종에 따른 차별이 제도화되었던 공동체였다. 귀족 계급, 무사, 또는 사제가 지배하던 국가가 중세까지의 보편적 국가 형태였다. 이 시대의 지배층이었던 귀족과 사제는 일반 시민이 꿈도 꿀 수 없는 특권을 누렸다. 근래에는 산업화의 진행으로 나타난 생산 참여 형태의 차이가 빈부 격차를 가져와 '가진 자'와 '가지지 못한 자'의 계급이 형성되면서 또한 새로운 불평등 공동체가 나타났다.

시대 흐름에 따라 공동체 구성원들 간의 '결과적 불평등'이 쌓여 공동체의 일체성이 깨어지고 파편화가 진행되었다. 이를 극복해야 할 새로운 과제가 생겨날 때, '평등'을 공동체 구성의 기본 가치로 선언한 것은 혁명적 단안이라고 할 수 있다. 모든 공동체 구성원들이 그 지위에서는 차별받지 않는다는 격의 평등을 기본 가치로 정립하고, 기여와 보상 간의 조화를 시대적 요구에 따라 다양한 방법으로 이루어 보자는 정치적 결단이 안정적 민주정치체제로의 길을 열어주었다.

19세기에 들어서면서 평등 가치 실현을 위해 제시된 이념적 대응이 사회주의 사상이었다. 공존을 위해 집단이익을 구성원의 개인 자유보다 중시해야 한다는 주장이 사회주의 이념의 핵심이다. 자기 삶의 주체로서의 자유를 존중해주어야 하나 사회적 존재로서의 개인은 공동체 집단이익을 위해 자유의 일부를 희생하여 공존공생 원칙을 따르는 것이 당연하다는 논리이다.

공동체 이익을 앞세우는 전체주의 논리가 강조되면 구성원 개개인의 '인간존엄성이 보장된 자유'도, 구성원으로서의 동등한 자격을 보장한다는 '평등'도 모두 공동체 집단이익 수호라는 명분에 묻혀 설 자리를 잃게 된다. 배타적 민족주의를 앞세웠던 나치즘, 프롤레타리아 계급의 집단이익을 앞세웠던 인민민주주의는 모두 개인의 자유와 평등권을 말살하는 전체주의 이념들이었다. 공동체의 집단이익을 앞세우게 되면 지배권을 장악한 집단만이 자유를 누리는 불평등 사회로 변질된다.

평등권의 핵심은 구성원 모두가 누리는 동등한 정치참여권이다. 동등한 공직자선출권과 공직담당권이 보장될 때 비로소 공동체 구성원들 간의 자발적 협력 합의가 가능해지고 개개인의 자유가 지켜질 수 있기 때문이다. 평등권은 공동체 의사결정의 동등한 참정권이지 개인의 성취 결과를 같게 하는 장치여서는 안 된다.

3. 주권재민 원칙

개인의 자유와 평등권은 지배자의 시혜施惠로 지켜질 수 있을까? 불가능하다. 공동체 구성원은 모두 각각의 꿈과 추구 가치를 가진 존재로서 지배자가 이들 중 일부의 자유만을 선택하여 보장할 수 있을 뿐으로, 선택되지 않은 구성원들의 꿈과 추구 가치는 억압 대상이 될 뿐이다. 개인의 자유와 평등권은 오직 자율自律 체제에서만 보장될 수 있다. 공동체 구성원들 간의 자발적 참여로 이루어지는 공존 체제는 동등한 자격을 가진 구성원들의 자율적 협력으로만 운영이 가능하다. 자율공동체는 구성원들이 공동체의 정치질서를 창출, 관리, 개선할 수 있는 권리, 즉 국가의 주권을 가질 때만 가능하다. 주권재민 원칙이 바탕이 될 때 공존 질서의 목표 가치인 자유와 평등이 의미를 가진다.

18세기의 시민운동은 인류 역사의 흐름을 크게 바꾸어 놓았는데, 절대군주에게만 독점적으로 국가 주권이 주어졌던 오랜 전통을 깨고 피동적으로 군주의 지배를 받던 국민이 주권을 행사한다는 것은 국가 정치체제를 근본적으로 바꾸는 혁명이었다.

창조주가 부여한 양도할 수 없는 생명, 자유, 행복추구권을 확보하기 위해 인민이 정부를 조직했으며 이 정부의 통치권은 인민의 동의로부터 유래한다는 파격적 선언과 함께 미합중국을 세움으로써 미국의 '건국의 아버지'들은 인류 역사에 큰 획을 그었다. 미합중국은 건국 후 200년 동안 주권재민 원칙으로 '다스리는 자'와 '다스림을 받는 자'를 일치시키는 정치제도를 굳혀 왔다. 그리고 미합중국은 이러한 인민의 정부, 인민이 다스리는 정부, 인민을 위한 정부가 공동체 구성원의 자유를 가장 잘 보장하는 자율 체제임을 증명하였으며 전세계 모든 국가 정치 개혁의 모범이 되어 왔다.

주권재민 사상이 보편화되면서 공동체 구성원은 공화국의 주권자인 국민이 되었다. 국민은 주권을 공유하는 인민이다. 인민이 국민으로 승격되면서 원시 인류공동체 형성부터 수천 년 동안 진행되어 온 '인민해방'의 노력은 종착역에 도착하였다. '인간존엄성이 보장된 자유'를 보장받는 자유인으로 다른 모든 구성원과 똑같은 주권자의 지위를 누리면서 공동체의 관리 운영에 참여하는 국민이 되었다. 이제 인간은 누구에게도 지배받지 않는 삶의 주체적 지위를 다시 회복하였다. 그리고 동시에 공동체가 제공하는 혜택을 누릴 수 있게 되었다.

21세기에 접어든 현재, 전세계 인구의 68%(2015년 기준)가 살고 있는

86개국에서 국민의 자유와 평등권, 주권재민 원칙을 헌법으로 보장하고 있다. 이제 주권재민의 민주주의 정치사상은 전세계적 보편 사상으로 자리 잡아가고 있다.

제2장 자유와 평등을 보장하는 평화질서

1. 이상적 공존 질서와 평화 이념

1) 소극적 평화와 적극적 평화

평화는 여러 가지 의미로 쓰는 개념이다. 가장 보편적으로 사용해온 평화 개념은 '전쟁이 없는 상태', '전쟁이 없는 현상 유지krieglosen status-quo erhalten'를 뜻하는 소극적 평화 개념negative peace이었다. 다른 한편 '사람이 사람답게 살 수 있는 삶의 조건들Lebensbedingungen이 조성된 상태'를 뜻하는 적극적 평화positive peace 개념도 있다. 소극적 평화는 전쟁을 일으키는 원인을 제거하여 전쟁의 폐해를 방지하는 데 중점을 둔 개념이고, 적극적 평화 개념은 한 발 더 나아가 전쟁 방지뿐만 아니라 공동체 운영을 삶의 질 향상에 기여할 수 있도록 만드는 정치공학적 노력의 목표 상태로 내연을 확장한 개념이라 할 수 있다. 평화이론을 가장 체계적으로 정리하여 제시한 칸트는 그의 저서 『영구 평화론 Zum Ewigen Frieden』에서 평화를 "인간이 이성의 명령에 복종하여 인위적으로 만들어야 하는 그 무엇"으로 보고, "각자의 자유가 타인의 자유와 양립할 수 있는 사회를 구축하여 얻을 수 있는 것"이라 했다. 칸트가 전쟁 없는 영구 평화의 길로 단일 세계 정부를 구상할 때 사용한 평화 개념은 이런 적극적 평화의 개념이었다.

전쟁은 강한 나라가 우세한 군사력으로 약한 나라를 제압하여 피할 수도 있다. 그런 상태를 평화라 한다면 그 상태는 승자에게는 평화 상태를 가져다줄지 모르나 패자에게는 억압과 질곡의 상태를 가져다준다. 이는 '안정된 속박'을 의미하는 것이어서 평화라고 하기 어렵다. "모두가 주어진 환경에서 최선의 삶의 질을 누릴 수 있는 안정된 상태"라고 평화를 적극적 개념으로 확장하여 사용하면 평화는 "공존공영의 기술"이 되어 정치공동체의 이상적 운영 지침이 된다. 공존공영의 길을 찾는 정치적 과제를 안고 있는 21세기의 시대 환경에서는 평화 개념을 넓혀 공존 논리로 발전시키는 것이 필요하다. 이런 생각에서 나는 평화 개념을 정치공동체 운영의 '이상적 원리'로 만들어 보려고 한다.

2) 소극적 평화가 가져온 부작용

학자들이 오랫동안 소극적 평화 이념에 집착해 왔던 이유는 간단하다. 전쟁이 너무도 무서운 현상이었기 때문이다. 전쟁은 집단 간의 생사를 건 투쟁이어서 패한 집단은 공동체로서의 생명을 잃고 소멸한다. 승리한 집단은 자기 집단 내의 규범을 패배한 집단 구성원에게는 적용하지 않는다. 패배한 집단의 구성원은 최소한의 인권 보장도 받지 못한다. 모든 자유권을 잃고 승자의 의지에 따라 처분될 수 있는 대상으로 전락한다. 많은 전쟁에서 승자는 패자를 잔혹하게 다루었다.

전쟁은 진행 과정에서도 많은 살생이 이루어지지만 패한 나라의 국민은 그들의 공동체질서가 완전히 붕괴되어 '삶의 틀' 자체를 잃는 절망의 상태로 전락한다. 질서는 삶을 기획하고 꾸려가는 데 지침을 주는 '기대 구조structure of expectation'이다. 어떤 선택을 하면 어떤 결과가 도출될 것이라는 기대가 가능할 때 사람은 자기 삶을 거기에 맞추어 꾸려 간다. 그 질서가 무너지면 살아갈 수 없게 된다. 전쟁은 삶의 기초를 모두 허무는 무서운 재앙이다.

전쟁은 인류가 겪었던 가장 무서운 재앙이어서 인간은 전쟁에서 반드시 승리하기 위해 자기가 가진 모든 것을 희생하고 전쟁에 참가했다. 생존을 위한 투쟁이었기 때문이다. 나아가 전쟁을 예방하고 억지하기 위해 최선의 노력을 다 하였다. '전쟁 없는 상태', '공동체의 안전 유지'가 절대적 가치가 되었다.

이러한 전쟁의 가혹한 특성 때문에 '전쟁 없는 상태'라는 소극적 평화가 모든 인간, 모든 국가의 최대 관심사가 되어 왔다. 특히 과학기술 발달로 전쟁 수단인 무기의 살상력이 천문학적으로 증대되면서 전쟁에 대한 공포도 그만큼 커졌다.

문제는 전쟁 회피의 명목으로 인권 탄압이 묵인되었다는 점이다. 국가 간에도 전쟁 위협에 굴복하여 국가 주권을 포기하는 현상이 생겨나고 강대국의 전쟁 위협에 영토의 일부를 양보하는 경우도 생겨났다.

북한 정권은 국민의 기본 인권을 존중하지 않는 가혹한 전제정치를 펴는 독재 정권으로 분류되어 있다. 많은 국민을 정치범수용소에 가두어 놓고 1인지배 통치를 하고 있다. 그런 북한이 핵무기로 한국을 위협하면서 '평화'를 협의하려고 한다. 전쟁 회피에만 관심을 가진 한국 정부가 이에 굴복하여 '평화'를 수용한다면 한국 정부는 북한 주민의 인권에는 눈을 감는 굴종을 감수하는 것이 된다. 이것은 평화가 아니다. 평화로 위장한 '책임 회피'일 뿐이다. 강요된 평화는 평화가 아니다.

　적극적 평화는 일방적 양보로 이루어지지 않는다. 폭력 위협을 피하고자 스스로 강자의 요구를 수용한다고 해서 진정한 평화가 이루어지는 것이 아니다. 베트남전쟁이 한창이던 1970년대 초 미국에서는 종교인들이 앞장선 반전反戰 평화운동이 활발했다. 정부에 베트남전 종식과 미군 철수를 요구하는 군중시위가 매일 벌어졌고, 나아가 미·소 핵무기 개발 경쟁을 막기 위해 미국이 먼저 핵무기를 없애라고 요구하기에 이르렀다. '평화주의자peacenik'라고 불리던 이 선량한 시민들의 평화사랑 열의는 높이 평가할 만했지만 그것은 진정한 평화운동이 아니었다. 베트남전쟁은 죄 없는 베트남 시민들을 탄압하던 공산 베트남 정권을 무너뜨리고 그들을 살려내는 '참평화'를 가져오는 전쟁이어서 싸울 가치가 있었던 전쟁이었다. 그리고 일방적 핵 폐기는 소련 전제주의의 세계적 확산을 도와주는 일이어서 결코 해서는 안 되는 일이었다. 평화를 소극적으로 추구하면 반평화反平和를 가져오게 된다.

　평화를 '전쟁 없는 상태', '폭력 사용이 유보된 상태'라는 소극적인 가치로 받아들이면, 그 부작용으로 자유인들의 자발적 합의로 공존 체계를 만드는 노력이 약화된다. 그런 뜻에서 소극적 평화를 공존의 원칙으로 받아들여서는 안 된다. '인간존엄성이 보장되는 자유'를 공동체 운영 목표로 삼는 적극적 평화 개념으로 정착시켜야 한다. 평화를 핑계로 삼는 전제정치 출현을 막기 위해서이다.

3) 공존 기술로서의 평화

나는 평화를 "공존에 대한 자발적 합의"라고 정의한다. 평화는 공존의 기술art이다. 기술이란 사물을 의미 있게 엮어 의도했던 기능을 하게 하는 인위적 작업이다. 다양한 색을 가진 조각들을 연결, 배치하여 의도하는 그림을 만들어내는 작업을 미술이라 하고, 여러 음을 배열하여 노래를 만들어내는 기술을 음악이라 한다. 이처럼 여러 가지 약속을 이어 사람 간의 관계를 지배하는 질서 구축도 기술이다. 평화는 사람들이 분업과 협력을 위하여 공동체를 만드는 기술이다.

삶의 주체로 자유를 누리는 인간이 타인과 동등한 지위에서 공존을 자발적으로 합의하면 모두가 원하는 공존 질서를 만들 수 있다. 같은 격을 가진 존재로 서로를 인정하는 조건平에서 상대의 다름을 존중하면서 같은 목적을 위해 협력和하기로 합의하면 참가자가 모두 만족할 수 있는 공동체를 건설할 수 있다. '평'과 '화'의 약속이 지켜지는 사람 간의 관계가 평화이다.

평화를 구성원의 자유와 평등 지위를 보장하는 공존의 자발적 합의 상태로 규정하면, 결국 우리가 바라는 이상적 공존 질서는 평화 원칙의 수용으로 이루어진다. 21세기 민주정치질서 개선 방향은 평화질서의 완성으로 잡아야 한다.

평화 개념에서 제일 어려운 부분이 타협을 통해 공동선을 찾는 방법이다. 통계적으로 다수가 지지하는 것을 선善이라고 할 수 없으므로 다름을 수렴할 수 있는 어떤 기준이 있어야 한다. 그 기준을 정하는 원칙으로 유가 사상가들은 '중용中庸'이란 논리를 개발해냈다. 하늘이 정해 놓은 것, 즉 자연질서는 자연의 일부인 사람의 마음속에도 들어와 있을 것인데 그것을 성性이라고 했다. 이 성을 일깨워 주면 도道를 깨닫게 되는데 그렇게 일깨워 주는 일이 가르침教이다. 사람의 마음속에는 그 가르침을 통해 이성적으로 깨친 도가 잠재해 있는데 이것이 중中이다. 중은 사람의 희로애락喜怒哀樂의 감정을 지배하는 바탕이 된다. 이 희로애락의 감정이 나타나지 않은 상태가 중이고 이것이 희로애락으로 표현되면 화和라고 한다. 화는 중의 표현된 감정이다. 중은 인간질서天下의 근본이 되고 이를 기준으로 발하는 희로애락의 감정인 화는 바른 길에 이르는 길達道이 된다. 이렇게 사람이 중中에 기초한 화和를 따르면致中和 하늘의 질서와 땅, 즉 사회질서가 일치하여 바른 관계가 된다고 보았다. 그러므로 자기 마음속의 넘치거나 모자라는 희로애락의 감정을, 깨달은 바른 길인 중中에 맞추게 되면, 다른 생각을 가진 사람들 간의 의견도 중中에서 타협될 수 있다는 것이 중용의 논리이다.

우연히도 아리스토텔레스도 같은 논리를 폈다. 그가 말하는 '바름'의 기준인 'Golden Mean'도 중용의 기준과 같다. 인간의 이성으로 접근하여 터득한 대자연의 섭리를 타협의 기준으로 삼자는 논리란 점에서는 같다. 결국 천인합일天人合一이라는 논리에서 초월적 가치 질서인 자연의 섭리를 수용하도록 사람들을 교화하여 화和를 찾는 것이 평화질서를 만드는 길이라고 동서양의 철학자들이 똑같이 결론을 내린 셈이다.

참고로 평생을 '평화' 연구에 바쳐온 최상용崔相龍 교수도 그의 저서

『평화의 정치사상』에서, 서양철학사의 중요한 평화 사상을 모두 섭렵한 결론으로, 아리스토텔레스의 'Golden Mean'을 타협의 기준이 되는 가치로 수용하고 있다. 최 교수는 최근 이러한 생각을 더 깊이 발전시켜 "중용 정의론과 평화"라는 논문(2018)을 발표하였다. 이 논문에서 최 교수는 '미노크라시Meanocracy'라는 새로운 개념을 만들어 제시하였다.

평화 개념의 핵심은 공존을 위한 공동체 구성원들의 타협, 즉 공동선 합의이다. 그리고 그 타협은 개인의 독선적 판단들의 기계적 평균치를 기준으로 찾아서 될 일이 아니고, 이성적 판단으로 함께 깨친 자연의 섭리를 기준으로 이루어져야 한다. 현실적으로는 그 사회의 지적 지도자들의 노력으로 사회 구성원들을 깨인 시민으로 교화시켜 나가야 평화질서의 목표 가치가 자리 잡게 된다.

2. 평화 이념의 구성 요소

평화는 이상적 공존 질서 구축의 기본 조건이다. 평화는 동등한 지위를 가진 자유인自由人 간의 자발적 합의로 이루어지는 상태이므로 공동체 구성원으로서의 자격의 동등성을 서로 인정해야 하고 나아가서 함께 추구해야 할 공동 목적 외에 구성원들의 고유한 다른 속성과 욕구에 대해서는 용인할 줄 알아야 한다. 그래야 원만한 공존 합의가 이루어질 수 있다.

1) 격格의 동등

신분에 따른 차별적 지위를 가진 구성원 간에는 자발적 공존의 합의가 이루어지기 어렵다. 지배층의 힘에 의해 상대적으로 약한 지위에 있는 개인의 자발성이 훼손될 수 있기 때문이다.

능력과 경륜에 있어서 구성원들 간에는 많은 차이가 있을 수 있다. 이렇게 서로 다른 구성원들을 모든 영역에서 획일적으로 동등하게 대할 수는 없다. 그러나 공동체 정치에 참여하는 주권자로서는 동등한 자격을 인정해야 한다. 이것이 '격의 동등' 조건이다. 격의 동등이 보장되지 않으면 공존에 대한 자발적 합의가 이루어질 수 없다. 공존에 대한 강압적 합의만 있을 수 있다.

2) 다름의 존중

자기완성적 존재로서의 인간은 자기만이 간직하고 있는 남과 다른 생각, 관심, 꿈, 능력 등을 펼쳐보고자 하는 욕구를 가지고 있다. 자기 것에 대한 수호가 다른 구성원에게 폐가 되지 않는다면 이를 존중해 주어야 한다. 다름을 서로 존중하여 함께 존재하게 하는 것을 화和라 한다. '화'야말로 다양한 사람을 하나의 공동체 속에서 협조, 공존하게 만드는 조건이 된다. 공존을 위해 나의 욕구 일부를 스스로 줄이고 공동체 전체의 이익, 즉 공동선을 위하여 다른 구성원의 욕구를 수용하는 마음의 여유를 가져야 공존이 가능해진다. 로크가 제시한 인용認容, tolerance의 개념도 화의 개념과 맥을 같이 한다.

3) 법치法治

협력은 나의 행위에 대한 상대방의 대응을 예측할 수 있을 때 가능하다. 상대방의 대응에 대한 기대가 나의 행위 선택을 결정해주기 때문이다. 기대 가능성은 모두가 지키는 규범이 존재할 때, 그리고 그 규범이 모든 구성원에게 동등하게 적용될 때 가능하다. 규범 준수에 대한 신뢰가 깨지면 합의가 무의미해진다. 모두가 규범을 지킬 때 기대 구조가 형성되고 이를 바탕으로 협력이 가능해진다. 규범은 약속이다. 그 약속이 지켜질 때 공존의 합의도 가능해진다. 한국은 북한과 서로 무력을 사용하지 않고 공존하기로 여러 번 약속했다. 1992년의 「남북기본합의서」는 그런 약속을 다짐한 '평화협정'이었다. 그러나 북한은 이를 지키지 않고 수차례 무력 공격을 감행했으며 핵무기를 개발하여 한국을 위협했다. 지키지 않는 약속으로는 평화 관계를 맺을 수 없다.

3. 평화 이념과 정치문화

사람은 이성적 판단으로 공리적, 타산적 행위를 한다고 하지만 사람과 사람 사이에서 일어나는 행위에서는 '마음'이 더 중요한 영향을 끼친다. 상대방을 배려하는 마음이 스스로의 이익과 자유를 양보하는 자제를 유발한다. 자기 이익보다 상대의 이익을 앞세우는 마음을 사랑이라고 한다. 공존 관계는 사랑이 바탕이 되어 이루어진다.

사람의 마음은 축적된 지식과 가치관, 접촉 경험에서 형성된 좋고 나쁜 인상 등이 쌓여 이루어지는 인식 틀perception frame을 바탕으로 형성된다. 사람의 마음은 개인의 특수 경험뿐만 아니라 주변인들과의 접촉에서 형성되는 정치문화에 큰 영향을 받는다. 사람은 타인과의 감정 교류 과정에서 공감共感, consonance을 얻게 되고 이러한 공감이 공통의 가치 인식을 만들어내기 때문이다. 정치문화는 공동체 형성에서 큰 영향을 미친다.

정치문화는 특정 정치 집단의 계획적 선전선동 등 정치훈련을 통하여 조작될 수도 있다. 국민의 참여로 집권자 선정이 이루어지는 민주정치 국가에서는 정치인들과 정당 등의 정치훈련이 정치문화에 크게 영향을 미친다. 평화질서를 안정되게 유지하려면 국민들의 정치문화를 타인 배려, 공존공생 문화로 만드는 노력이 있어야 한다. 특히 평화질서 유지를 위해서는 국민들이 다음과 같은 세 가지 영역에서 긍정적 마음가짐을 가지도록 유도해야 한다.

1) 공익公益 존중의 문화

마키아벨리Niccolò Machiavelli는 그의 저서 『로마사 논고』에서 "대중은 공동체 이익을 무시하는 경향이 있다"고 지적하며 "대부분의 인민들은 공공이익보다 자신의 사적인 야심에 집착한다"고 보고 이들 국민들이 공동체 이익을 사익에 앞세우도록 유도하는 방안에 대하여 여러 가지를 제안했다. 마키아벨리는 대중들이 공동선을 우선시하도록 하기 위해서는 감화와 위협이 필요하다고도 했다.

공익 존중의 문화는 공동체 구성원들이 인종적 동류의식을 갖거나 오랜 세월 공동생활에서 형성된 생활문화를 공유하고 있을 때, 그리고 같은 종교 신자로서의 상호 유대의식을 가지고 있을 때 자연스럽게 형성된다. 이런 이유로 민족이라는 문화 동질성을 공유한 사람들이 만든 민족국가가 으뜸정치공동체로 되는 경우가 많다.

2) 규범規範 수용의 문화

평화질서는 공존공영이라는 공동체 기본 추구 가치와 이를 실천하기 위해 구성원들이 준수해야 할 규범체계, 그리고 구성원들이 규범을 준수하도록 만드는 제도 등의 요소로 구성된다. 구성원들이 공동체의 규범들을 수용하고 이를 성실히 준수하는 정치문화가 자리 잡혀야 평화질서는 유지될 수 있다.

규범을 지키게 만드는 힘에는 강제력, 교환력, 권위 등이 있다. 규범을 어겼을 때 불이익을 줄 수 있는 힘이 강제력coercive power이고 보상으로 규범 준수를 유도하는 힘은 교환력exchange power이라 한다. 구성원들 스스로 규범 준수가 옳다고 믿고 스스로 따르게 하는 정부의 권위authority가 정당성에 기초한 세 번째 힘이다. 평화질서는 구성원들의 자발적 합의로 이루어지는 질서이므로 규범 수용은 권위로 유도해야 한다.

3) 자제自制 정신

평화질서는 구성원들 간의 자발적 합의로 이루어지는 자율적 정치질서이다. 공동체는 주권자인 구성원들의 정치 참여로 통치된다. 국민들은 공직자를 선출하거나 자신이 직접 공직을 담당하고 정부의 주요 정책 결정에 참여한다.

국가정책은 국민의 의사에 따라 결정하기로 되어 있고, 민주질서에 서 다양한 국민의사를 하나로 통합하려면 타협으로 이루어져야 한다. 타협이 가능하기 위해서는 국민들이 자기 요구의 일부를 전체 이익을 위해 스스로 제한하는 것이 필요하다. 이러한 국민들의 성숙한 자제 정신tolerance이 평화질서를 안정적으로 유지할 수 있게 하는 성공 조건 이 된다.

산업화가 진행되면서 자본주의 생산양식이 공동체 구성원을 자본 가 계층과 노동자 계층으로 갈라놓고 두 계층 간의 빈부 격차와 갈등 을 심화시키면서 공동체의 내부 균열이 일어났다. 이러한 시대 환경 에서 출현한 것이 마르크시즘Marxism이다. 마르크스Karl Marx는 계급 갈등 을 해소하는 혁명 이론으로 '가지지 않은 자'들의 분노를 이용하였다. 대결, 갈등, 증오에 바탕을 둔 정치문화를 앞세워 '가진 자들'을 협력 할 동반자가 아닌 적으로 만들어 혁명의 동력을 만들어냈다. 마르크 시즘은 20세기 한 세기 동안 전세계를 뒤흔든 변혁의 사상으로 자리 잡았으나 그 결과로 인류 사회를 폭력과 가난의 '집단수용소'로 전락 시켰다. 포퍼Karl R. Popper는 "마르크스는 인류의 주요 문제를 푸는데 서 로 협력할 동반자 대신 적을 발견했다"고 비판하면서 대결, 갈등, 증 오 대신 사랑, 협력, 책임이라는 인간의 긍정적 마음을 바탕으로 한 정 치문화를 앞세워야 이상적인 사회를 만들 수 있다고 역설하였다.

제3장 자유인을 위한 평화질서

시대를 초월하여 지켜야 할 불변의 가치는 삶의 환경이 바뀌어도 지켜야 한다. 시대 흐름 속에서 정치환경이 바뀌면 추구하는 목표 가치를 바꿀 것이 아니라 환경에 대한 대응 방법을 바꾸어 불변 가치를 지켜야 한다.

국가 등 인간이 만든 공동체는 인간이 추구하는 가치 실현을 위해 만든 것이다. 공동체가 그 가치 실현에 부적합하면 공동체를 적합하게 고쳐 나가야 한다.

인간은 자유인으로 진화되어왔다. 인간은 자기완성적 존재로서 자기의 삶을 스스로 기획하고 관리하는 삶의 주체이다. 누구에게도 종속되지 않는 자유인이다. 그리고 사람은 자유인으로서 누리는 자유를 계속 지키려 한다. 사람은 자연인으로서 추구하는 생명의 안전과 풍요로운 생활의 보장을 위하여 다른 사람과 협력 체제를 구축하고 공존공생하기로 하였다. 공동체는 그렇게 만들어진 것이다. 사람이 자기 삶의 향상을 위해 만든 것이 공동체이므로 운영관리 원칙은 공동체를 만든 사람의 필요에 맞추어 나가야 한다.

'자유인의 권리', '격의 동등', '공존에 대한 자발적 합의'로 만들어진 평화질서는 앞으로도 공동체의 불변의 가치로 지켜져야 한다. 그리고 이러한 민주평화질서를 위협하는 전체주의 사상, 국민의 뜻을 가장한 전제정치 도입 시도 등을 막아야 한다. 집단 가치를 주장하는 독재자들은 국제 경쟁에서 잔존하기 위하여 구성원의 자유를 제한한다고 자기 논리를 정당화한다. 자유인들은 이런 논리에 현혹되지 말고 국가정치체제의 이상적 운영 질서로 삼는 평화질서를 국제사회의 작동 원리로 확장할 필요가 있다.

1. 자유인이 만든 공동체

인간은 사람답게 살아가려는 욕구를 가진 자유인이다. 그러나 사람은 혼자 힘으로 충족하기 어려운 삶의 조건 향상을 위하여 다른 사람과 협력을 하기 시작했으며 공동체를 만들고 '사회적 존재'의 특성도 갖게 되었다. 자유의 일부를 양보할 수 있는 자제의 요구도 받아들이고 집단이익 수호에 요구되는 봉사를 제공할 의무도 지게 되었다. 그러나 공동체를 만든 주체로서 자연인의 기본적 권리는 물론, 인간은 특히 공동체 운영 주체로서의 주권을 지키려 하고 있다.

그래서 공동체 정치체제는 다음과 같은 권리를 헌법으로 보장하여 모두가 존중해주기로 하고 있다.

첫째로 언론·출판·집회·결사의 자유와 직업의 자유, 거주이전의 자유, 재산권 등 자유인으로서 사람답게 사는 데 필요한 최소한의 권리들을 정부가 손대지 못하게 보장해주고 있다.

둘째로 모든 공동체 구성원들이 동등하게 정치 참여의 권리를 행사할 수 있도록 헌법으로 보장하고 있다. 정치참여권에는 공직담당권, 공직자선출권 등이 포함된다.

셋째로 소수자를 다수자의 횡포로부터 보호하도록 하고 있다. 공동체 구성원이 모두 동등한 투표권을 갖는 보통선거제에서는 입법 과정에서 다수자가 다수결 원칙에 따라 소수자의 권익을 침해하는 법을 만들 수 있다. 그리고 다수의 결의로 소수자의 권익을 직접 침해할 수도 있다. 이러한 다수자의 횡포를 허용해주면, 국민의 다양한 의견이 타협을 거쳐 국론으로 선택되는 과정에서 소수 의견은 무시될 수 있다. 주권재민의 원칙을 지키기 위해서는 소수자의 지위와 의사를 국가의 기본법인 헌법으로 보장해야 한다. 다양성을 하나로 통합하는 원칙E pluribus unum의 타협 정신을 지키자는 배려이다.

2. 자유를 위협하는 전체주의 사상

1776년 미합중국의 헌법에 처음으로 도입된 자유민주주의적 평화질서는, 시민혁명이 전세계로 확산되면서 20세기 말 세계 거의 모든 나라가 국가 통치의 기본 틀로 채택해왔다. 그러나 여러 나라에서 민주평화 질서에 도전하는 정치 운동이 확산되면서 많은 시련을 겪었다. 가장 중요한 도전은 각종 전체주의 사상에 의하여 이루어졌다. 마르크스-레닌주의에 기초한 볼셰비즘Bolshevism, 나치즘Nazism, 마오이즘Maoism 등의 등장으로 자유민주주의적 평화질서는 큰 어려움을 겪었다. 나치즘을 국시로 내건 독일, 파시즘을 내세운 이탈리아, 그리고 군국주의로 무장한 일본 등 세 나라가 일으킨 제2차 세계대전에서는 1,500만 명의 전사자가 생겼다. 그러나 전체주의 국가가 자국과 점령지에서 행한 민간인 학살은 2억 7,200만 명에 이른다(R. J. Rummel 교수의 집계). 소련은 공산혁명 이후 반동 세력으로 몰아 자국민 4,700만 명을 학살했고 중국은 공산혁명 후 문화혁명 때까지 7,700만 명의 국민을 학살했다. 일본은 군국주의 시절 식민지와 점령지에서 400만 명의 민간인을 학살했다. 나치 독일은 제2차 세계대전 중 자국과 점령지에서 유태인 등 2,100만 명의 민간인을 학살하였다. 지금도 지구 각 지역에서 '인종 청소'라는 민간인 대량학살democide이 행해지고 있다.

전체주의 이론가들의 논리는 무엇일까? 크게 두 가지 유형으로 나누어 볼 수 있다.

하나는 공동체를 유기체와 같은 집단으로 보는 시각이다. 플라톤 Platon은 국가공동체는 하나의 유기체 같은 존재로 구성원은 그 유기체의 각 부분을 이루면서 주어진 역할을 하도록 운명 지어져 있고 각각 주어진 역할을 수행할 때 행복해진다고 했다. 포퍼Karl R. Popper는 그의 저서 『열린사회와 그 적들 The Open Society and Its Enemies』에서 이러한 플라톤의 주장을 심도 있게 비판했다. 사람은 개미나 벌과 같은 '사회적 존재'가 아니다. 사회를 하나의 유기체로 본다면 자유인으로서 개인의 존재는 있을 수 없고 따라서 구성원 간의 자발적 합의로 공존 관계가 이루어진다는 자유민주주의적 평화질서관은 설자리를 잃게 된다.

다른 하나는 '절대주의 가치관'의 오만이다. 볼셰비즘, 마오이즘, 북한의 주체사상 등은 스스로 과학적 민주주의, 신민주주의라고 부르는 민주정치체제를 내세우고 있다. 그러나 그 바탕에는 절대주의 가치관이 자리 잡고 있다. 절대 진리는 다수 의견으로 발견된다는 통계

학의 대수 법칙大數法則을 원용하여 다수 지배의 논리를 제시하고 있다. 이 경우 소수 의견을 낸 구성원은 '다른 의견'을 낸 소수자가 아닌 '틀린 의견'을 가진 소수자로 분류된다. 이러한 의사결정 구조에서는 동원된 다수의 지지를 바탕으로 독재를 행할 수 있게 된다. 2018년 중국 최고인민회의에서 시진핑 주석은 대의원 2,800명의 전원 지지로 국가주석직에 재선되었고 북한의 역대 주석들도 모두 100%에 가까운 지지투표로 공직을 맡았다. 이러한 신민주주의라는 사이비 민주정치 이념이 민주헌정질서를 깨는 주요 도전 세력이 된다. 후진 민주국가에서는 대중영합주의의 선전선동을 통하여 다수 지지를 창출하고 전제정치를 행하는 예가 늘어나고 있다.

3. 평등 원칙을 무시하는 '민의왜곡'

2017년의 한국에서처럼 조직된 지지 세력을 동원하여 군중 데모를 벌이고 이를 '국민의 뜻'으로 선언하여 혁명을 단행하는 예가 많아지고 있다. 5,000만 명 인구의 나라에서 약 10만 명의 대중 시위를 벌여 이것을 '국민의 뜻'으로 선언하는 경우 다수의 구성원의 의사는 무시된다. 이른바 가시적 행동으로 침묵하고 있는 다수 유권자의 뜻을 무력화시키는 '민의왜곡'으로 민주헌정질서를 교란하는 예가 21세기에 들어서면서 많아졌다. 베네수엘라 등의 중남미 국가들, 미얀마 등 동남아 국가들, 그리고 이집트 등의 중동 국가에서 이러한 '민의왜곡'이 자주 나타나고 있다.

'민의왜곡民意歪曲'은 동원되지 않은 다수 유권자들의 의사를 무시함으로써 구성원들의 동등참여라는 평등 원칙을 깨는 행위로 민주헌정질서를 파괴하는 정치적 도전이다. 그런 뜻에서 평화질서를 해치는 현상으로 본다.

20세기 후반부터 과학기술 발전이 급속하게 이루어지면서 빈부 격차 심화에 따른 사회의 계층 분화, 다양한 직업에 의한 사회 파편화가 진행되고 다양한 시민 단체가 출현하고 있다. 시민 단체 중에는 국가공동체의 집단이익보다 자기 집단이익을 앞세우는 단체가 많아지고 이 단체들이 공통이익 중심의 연대투쟁을 벌이면서 새로운 '민의왜곡' 현상이 두드러지게 나타나고 있다. 집단이익을 앞세운 과격한 단체들의 투쟁 행위는 침묵의 다수를 제압할 수 있어 역시 '민의왜곡' 현상을 가져온다. 특정 이념을 앞세운 소수의 과격 이익단체들의 행동으로 침묵의 다수를 누르고 전제정부가 등장하는 경우도 많아져서 민주평화질서는 크게 흔들리고 있다.

4. 주권자인 자유인을 위한 평화

민주평화질서는 국민에 의한, 국민을 위한, 국민의 공존 질서여야 한다. 주권자의 평등참여로 관리되는, 국민을 위한 질서가 되어야 하고, 구성원 모두가 공동체가 공급하는 혜택을 고르게 누리게 하는 국민을 위한 공존 질서여야 한다.

기본인권 보장을 받는 자유시민의 다양한 의견을, 타협을 통해 하나의 국가정책으로 만드는 제도 및 공존 질서가 21세기 시대 환경에서 각 국가가 갖추어야 할 정치체제의 모형이다.

21세기에 들어서면서 '민주주의 퇴보'를 논하는 사람이 늘고 있다. 컬란치크Joshua Kurlantzick는 그의 저서 *Democracy in Retreat*에서 20세기 말-21세기 초에 걸쳐 민주주의가 전세계적으로 퇴보하고 있다고 지적했다. 컬란치크는 민주주의 정치를 다음과 같이 정의하고 있다. "다수결 원칙과 피치자의 동의에 기초한 정부, 자유롭고 공정한 선거 제도의 존재, 소수자 보호 원칙이 지켜지는 제도, 기본 인권이 존중되고 법 앞의 평등과 정치적 다원주의가 인정되는 제도를 갖추었을 때" 민주주의라고 하면서 이런 조건 중 1개 이상이 허물어지면 민주정치는 퇴보한다고 지적하고 있다. 컬란치크는 이성적 판단으로 민주주의 정치체제를 뒷받침해오던 중산층이 급속한 사회 구성 변화로 인해 허물어진 것을 요즈음 민주주의의 후퇴 원인으로 보았다.

나이Joseph Samuel Nye Jr. 교수는 『미국의 세기는 끝났는가 *Is the American Century Over?*』라는 자극적인 제목의 저서에서 미국은 상대적으로 세계질서 관장 능력을 잃어가고 있지만 당분간은 세계질서 지배국으로 존속할 것이라고 보았다. 나이 교수의 진단이 중요한 의미를 가지는 것은 미국의 지배 아래 지난 반세기 동안 유지되어왔던 범세계적 평화질서의 존속 여부와 관계되기 때문이다. 미국에 의한 평화Pax Americana라 부르는 20세기 후반의 세계평화는 미국의 강대한 군사력으로 유지된 평화였다. 작은 전쟁은 많았으나 미국에 도전할만한 군사 강대국의 부재로 강대국 간의 전쟁이 없었던 반세기의 평화가 유지될 수 있었는데, 이러한 미국 지배의 평화 지속 여부가 중소 국가들의 국내정치에 큰 영향을 주기 때문이다.

중소 국가가 민주헌정질서를 갖추고도 사실상의 전제주의 국가로 전락하는 과정은 모두 비슷하다. 불안한 국제정세 속에서 자국의 안전을 확보하려고 국력을 집중하다 보면, 민주주의 원칙을 훼손할 수밖에 없다고 전제화의 이유를 대는 나라가 많다. 국내 민주헌정질서를 유지하기 위해서는 국제정치질서가 평화체제로 들어서야 한다. 국제정치질서와 국내정치질서의 연계가 심화되는 21세기적 시대 상황에서는 국제정치질서의 평화체제화가 더욱 중요해진다.

현재의 국제정치질서는 느슨한 국가 간 협의체 질서로 되어 있다. 주권국가들이 구성원이 되는 '국가들의 공동체'의 틀 속에서 주권국가들 간의 합의만 규범으로 인정되는 질서이다. 그러나 경제, 안보, 환경, 인권, 교통통신 등 영역별 협력 체제가 발달하면서 국제질서는 '다층복합질서'로 결집도를 높여가고 있다. 그리고 국가 간 협력이 긴밀해지면서 세계 모든 국가를 구성원으로 아우르는 단일 세계정부를 세우려는 노력도 시작되고 있다. 1970년대부터 1980년대에 걸쳐 프린스턴Princeton대학교의 Center of International Studies 중심으로 진행되던 *World Order Model Project* WOMP는 세계 정부의 조직체계까지 제시한 바 있다. WOMP 안案에서는 느슨한 세계연방 정부를 제안했었다.

맺는말 │ 민주평화질서: 불변의 정치공동체 목표 가치

세상이 바뀌어도 '사람답게 살고 싶다'는 인간의 소망은 크게 변하지 않는다. 21세기 제4차 산업혁명 시대에 들어서면서 인간의 삶의 환경은 급격히 바뀌고 있다. 그러나 이렇게 바뀐 환경 속에서도 '인간존엄성이 보장된 자유'를 누리고 싶어 하는 사람의 욕망은 바뀌지 않는다. 자유는 앞으로도 계속 삶의 주체인 인간의 양보할 수 없는 가치로 남을 것이다.

인간은 이제 더 이상 혼자서 살 수 없다. 혼자서는 21세기적 시대 환경에서 삶을 꾸려 갈 수 없기 때문이다. 다른 사람과의 협력은 불가피하다. 타인과의 협력을 제도화한 공동체질서 속에서 삶을 이어가야 한다.

타인과의 공존을 위해서는 타인의 협력대상자로서의 자격을 인정해야 한다. 공동체 구성원으로서의 격의 동등을 서로 인정해야 한다. 국가공동체의 참여 주체로서 사람은 국가 정치체제 운영과 관련하여 정치 참여의 권리를 가지게 된다. 다른 구성원과의 대등한 협력을 위해서 정치 참여에서도 그들과의 평등을 수용해야 한다.

21세기 환경에서도 사람은 삶의 양식을 공유한 마음 편한 사람들과 정치공동체를 구성하고 그 일원으로 살아가려 한다. 그리고 공동체에 소속되어서도 삶의 주체로서 누리고자 하는 자유, 그리고 다른 소속원과의 협력을 위해 평등을 확보하려 할 것이다. 또한 어렵게 얻어낸 주권재민 원칙과 자율체제를 포기하려 하지 않을 것이다. "공존에 대한 자발적 합의"를 바탕으로 이루어지는 공동체의 평화질서는 21세기에서도 불변의 정치공동체 목표 가치로 유지되어야 한다.

민주평화질서는 이상적 공존 질서로 계속 유지되어야 하고 또한 그렇게 되리라고 기대한다.

평화 이념의 핵심은 공존 수용이다. 공존은 사랑이 바탕이 될 때 가능하다. 사랑이란 상대방에 대한 배려, 상대방을 나보다 더 생각하는 마음이다. 사랑의 마음을 가져야 나의 욕심과 나의 이익을 스스로 양보할 수 있는 자제의 마음이 생긴다. 평화 이념은 곧 사랑의 다른 표현이다. 민주평화란 사랑을 바탕으로 하는 공동체질서이다. 사람이 사람으로 남아 있는 한 민주평화질서는 계속 살아남을 것이다.

제3부

자유 민주 지키기

21세기 시대 환경에 맞는 민주 제도 만들기

21세기는 인류 역사에서 일찍이 겪어보지 못했던 시대 전환적 변혁이 일어나고 있는 '도전의 시대'이다. 자유 민주정치체제가 자리 잡기 시작했던 19세기와는 다른 세상이 되어가고 있다. 사회 구성원 모두가 실시간으로 정보를 공유하는 시대, 인간 노동의 상당 부분을 기계가 대신하는 시대, 인류 사회를 일시에 초토화시킬 수 있는 무기를 인간이 이미 만들어 보유하고 있는 시대가 되었다.

고도의 전문성이 요구되는 정부의 봉사를 바라는 국민들의 기대가 충족되려면 지혜와 능력을 갖춘 공직자로 정부를 구성해야 한다. 이에 대해 평등을 앞세운 등가참여의 고전적 민주참여 제도로 대응할 수 있을까? 현능주의가 대안이 될 수 있을까?

냉전이 끝난 후 전세계가 자유 민주 국가들의 단일 협의 공동체가 되리라고 기대했던 '민주화 완성의 시대'가 도달하기 전에 서기 2000년을 고비로 '민주주의의 퇴보 시대'로 접어들었다. 민주화로 모든 사회 구성원이 등가참여하는 제도를 악용한 대중영합주의가 새로운 전제정치체제를 등장시키고 있기 때문이다. '민주화의 덫'이라는 흐름을 어떻게 막을 것인가?

자유 민주를 지키기 위한 몇 가지 방안을 검토해본다.

제 3 부

자유 민주 지키기

21세기 시대환경에 맞는 민주 제도 만들기

들어가는 말

제2차 세계대전이 종식되었을 때 전쟁을 일으켰던 나치스 독일, 파시스트 이탈리아, 군국주의 일본의 붕괴로 온 세계 인민은 환호했다. 민주주의의 최대의 적인 전체주의가 모두 허물어졌기 때문이다. 그러나 곧이어 소련 공산주의 정권이 새롭게 민주주의의 적으로 등장했다. 소련은 전쟁 중 점령했던 동유럽 국가에 공산당 1당지배체제의 전체주의-전제정부를 세웠고 중국 내전에 간여하여 중국 공산당이 지배하는 중화인민공화국을 세웠다. 한반도 북쪽 점령지에도 공산당 지배의 독재 정부를 세웠고 이어 동남아와 아프리카로 진출하여 신생 독립국의 상당수를 공산화시켰다. 불과 몇 년 사이에 지구의 반을 지배하는 공산진영을 구축하고 미국과 서유럽이 주도하는 민주국가들의 진영과 맞섰다. 약 반세기에 걸친 공산진영의 '세계 공산화' 투쟁으로 한국전쟁, 베트남전쟁을 비롯하여 수많은 신생 국가에서 전쟁, 내전, 폭동이 이어졌다.

민주진영과 공산진영 간의 '냉전'이라 부르던 반세기에 걸친 이념 투쟁에서 공산진영의 맹주 소련이 내부 불만으로 터져 나온 '페레스트로이카perestroika'라는 '자발적 혁명self-imposed revolution'으로 민주화되면서 1989년 냉전시대가 종식되었다. 그리고 뒤를 이어 중국과 북한 등 몇 나라만 빼고 공산진영의 거의 모든 나라가 탈 공산전체주의 민주공화국으로 다시 탄생하였다. 전세계적으로 전개된 이 엄청난 혁명으로 인해 민주주의가 온 인류의 보편적 가치로 자리 잡았다.

민주-공산 양진영이 대립했던 양극체제bipolar system는 미국이 주도하는 단극체제unipolar system로 재편되고 민주국가들의 단일 세계공동체가 곧 이루어질 것으로 보였다. 미국 주도의 평화Pax Americana 시대가 시작되었다. 미국은 전세계 주권국가들의 협의공동체로 출범했던 국제연합을 범세계적인 단일 민주국가들의 세계연합공동체one world community of democracy로 만들기 위해 나섰다. 세계 역사상 최초의 단일 세계평화질서가 곧 탄생하리라는 기대 속에서 온 인류는 들떠있었다. 그러나 '미국 주도의 평화'는 오래가지 못했다. 외형은 민주공화국이면서 새로운 형태의 전제정치 국가로 퇴행하는 비자유민주주의illiberal democracy가 확산되기 시작했기 때문이다. 이른바 민주주의의 퇴보democracy in retreat가 새로운 흐름이 되었다.

21세기가 시작되던 서기 2000년이 하나의 분수령이 되어 민주주의의 퇴보가 눈에 띄게 가속화되었다. 세계 각국의 '민주주의 질'을 평가하고 지수화하여 발표하는 독일 베르텔스만Bertelsmann 재단은 각 국가의 정치체제를 정치 참여, 시민자유 보장 등의 지수들로 평가하면서 2010년에는 세계 128개 조사 대상국 중 53개국에서 민주주의의 질이 하락했고, 그 중에서도 16개국은 '아주 흠이 많은 민주주의 국가'로 전락했다고 보고했다. 이들 국가에서는 언론 탄압이 심화되었고 개도국의 경우 모두 권위주의가 득세했으며 군사혁명도 잦아졌다고 지적했다.

시민의 자유도自由度를 지수로 매년 각국의 민주주의의 질을 평가해 오는 프리덤 하우스도 2005년부터 2010년까지 5년간 25개국에서 자유도가 급격히 낮아졌다고 보고했다. 특히 민주화 과정에 있는 나라들이 이에 해당하는데 이런 나라에서는 자유도가 하락하고 권위주의가 상승했으며 2010년이 가장 큰 변화가 일어난 해였다고 보고했다.

2011년 전제국가들이던 아랍 국가들에서 민중 봉기가 연속으로 일어나 전제 정권들이 무너지는 사태가 벌어져서 온 세계가 이 현상을 민주주의의 진전으로 기대하고 '아랍의 봄'이라고 불렀다. 그러나 아랍의 봄 속에서 새로 탄생한 정부는 거의 모두 강압 정치를 강화하는 독재 국가로 변신하였다.

공산전체주의 전제국가의 상징이던 소련이 붕괴하고 새로운 민주국가로 재탄생한 러시아에서는 푸틴이 2000년부터 2008년까지 대통령으로, 이어서 4년간 '실세 총리'로 근무한 후 2012년과 2018년에 다시 대통령직을 맡아 1인 장기집권체제를 굳히고 전제정치체제를 굳혀

가고 있다. 중국에서는 덩샤오핑鄧小平이 문화혁명을 수습하고 개혁개방이라는 점진적 혁명을 거쳐 중국을 '사회주의 시장경제'를 표방한 '부드러운 전제국가'로 전환시켰다. 그래서 사람들은 중국을 더 이상 공산전제국가로 인식하지 않게 되었었다. 그러나 시진핑 주석이 2018년 전국인민대표대회에서 헌법을 고쳐 중국을 다시 1인지배의 전제국가로 바꾸어 놓았다.

한국과 대만(중화민국)은 민주국가로 탄생하였으나 북한과 중국이라는 공산 전제국가의 위협을 받는 특수 상황에서 강력한 전제적 정부를 유지해오다가 두 나라 모두 1987년에 '민주화'를 단행하였다. 두 나라는 모두 경제 발전과 민주화를 함께 이룬 모범 국가로 칭송받았으나 다시 전제화의 길로 들어서고 있다. 한국의 경우 2017년에는 '국민의 뜻'을 앞세워 현직 대통령을 탄핵하는 혁명으로 새로운 정부를 출현시켰다.

*Democracy in Retreat*의 저자 컬란치크Joshua Kurlantzick는 태국의 정치 변혁을 사례로 예시하면서 민주주의 퇴보 과정을 상세히 보고하고 있다. 우선 산업화의 진전으로 빈곤 지대로 전락한 농촌에서 농민들의 불만이 폭발한다. 그리고 정부가 그 농민들의 집단 시위를 무력 탄압으로 맞서는 상황이 전개된다. 대중영합주의 정치 지도자가 선전선동으로 농민 지지를 확보하여 정권을 장악하고, 이렇게 당선된 지도자는 지지층을 만족시키기 위해 무리한 사회주의적 정책을 펼친다. 이에 불만을 가진 중산층이 저항하고 이런 흐름에 편승한 군대가 쿠데타로 정권을 장악하고…… 이런 과정을 거쳐 민주정치 제도를 악용한

새로운 전제정치가 시작되는 과정이 반복된다.

'민주화의 역설'이라고 해야 할 '민주주의 제도를 이용한 전제화'는 어떻게 설명해야 할까? 한마디로 민주주의가 수호하려는 공동체의 가치와 이를 실천하는 제도와의 조화를 이루지 못했기 때문이다. 민주주의 이념의 핵심 가치인 자유와 평등은 공동체 구성원의 '공존 합의'로만 지켜질 수 있는데 급격히 진행되는 사회 변동 속에서 사회 구성원들이 이익을 달리하는 집단으로 분화, 이들이 집단이익을 앞세워 '공동선' 합의를 이루는 데 실패하기 때문에 일어나는 현상이다. 공동체 전체의 이익보다 집단이익을 앞세우는 집단들이 등가참여의 민주제도를 투쟁 수단으로 삼아 집권투쟁을 벌이는 데서 '민의를 가장한 정권 탈취' 싸움이 벌어지고 민주체제의 붕괴를 자초하게 되는 것이다. 민주제도의 핵심인 언론, 출판, 집회, 결사의 자유를 이용하여 선전선동의 자유, 이익집단 결성의 자유가 만연해지고 이는 사회 파편화와 정치투쟁 조직을 만들어 결과적으로 민의왜곡, 집권 야욕 독재자들의 활동을 보장하게 된다. 민주주의의 퇴보라는 현상이 일어나게 되는 것이다.

공동체 구성원 모두가 동등한 주권자로서 국정에 참가해야 하며, '인간존엄성이 보장된 자유'를 보장받는 공존공영의 민주공화국을 이상적 국가로 삼아야 한다는 민주헌정 이념은 이제 불변의 보편 가치로 자리 잡았다. 이상적 국가정치체제는 자유민주공화정이어야 한다는 것은 이제 양보할 수 없는 정치적 이념이 되었다. 문제는 이 이념을 지켜 나가기 위한 제도의 정립이다. 급변하는 시대 환경에 맞추어 정치

제도를 어떻게 개선해 나갈까 하는 것이 현재의 당면 과제이다.

　제3부에서는 불변의 가치인 민주평화를 지키기 위한 민주 제도의 개선 과제를 집중적으로 논한다.

제1장 <u>제1장</u> 민주평화제도의 사상적 기초

민주 제도가 지켜야 할 공존공영의 평화 이념을 제도 개선의 지침을 도출하기 위하여 재정리해본다.

1. 천부인권 사상과 자유권

동양 사상의 밑바닥에는 '사람은 자연의 일부_{man in nature}'라는 생각이 깔려 있다. 사람은 자연 속의 모든 다른 생명체처럼 자연이 준 살아갈 권리를 가졌다고 생각했다. 자연 법칙에 따라 자기 삶을 기획하고 관리하는 존재로서 타인의 자의恣意로 훼손할 수 없는 타고난 권리를 가졌다고 생각했다. 모든 사람은 자기의 생명과 '인간존엄성'을 지키기 위한 권리를 가지고 있으며 타인의 부당한 간섭을 받지 않는 자유를 가진 자기 삶의 주체라 생각했다.

노자老子는 도덕경道德經 25장에서 "사람은 땅을 따르고 땅은 하늘을 따르고 하늘은 도를 따르고 도道는 자연을 따른다人法地, 地法天, 天法道, 道法自然"고 했다. 여기서 땅이라고 하는 것은 하늘天이라고 하는 자연질서를 반영하여 만든 인간 사회의 질서이다. 자연질서는 우주 대자연의 질서이기 때문에 자연질서道에서 부여한 인간의 자유권은 사람이 제한할 수 없다고 생각했다.

서양의 기독교 문화에서도 사람은 하느님에 의해 특별하게 만들어진 '이성을 가진' 존재이므로 하느님의 권위에 바탕을 두고 다른 동물과 마찬가지로 생명 보전 욕구에 더하여 인간존엄성을 보전하려는 욕구 충족의 특권을 가졌다고 주장하고 있다. 이러한 천부인권 사상은 '인간존엄성이 보장된 자유'를 모든 정치공동체질서가 보장해야 할 불변가치로 만들어 놓았다.

1948년 국제연합이 선포한 「세계인권선언」은 그 전문에서 "모든 사람은 타고난 존엄성과 평등하고도 양도할 수 없는 권리를 가졌음을 인정하는 것이 전세계의 자유와 정의와 평화의 기초"라고 했다. 그리고 이어서 유엔총회는 이 선언을 모든 국가가 보편적 가치로 삼을 것을 선포하였다. '인간존엄성이 보장된 자유'는 이제 모든 정치공동체가 지켜야 할 기본 가치로 자리 잡았다.

2. 만민평등 사상

공동체 구성원의 평등에는 두 가지 다른 약속이 담겨 있다. 하나는 공동체 의사결정에 참여할 자격의 동등이고 다른 하나는 구성원이 누리는 혜택의 동등이다. 인간이 자연의 일부로 이 세상에 태어난 존재라는 믿음을 갖게 되면 인간은 다른 모든 생명체와 함께 똑같이 이 세상에서 살 권리를 가지고 있다고 믿게 된다. 그리고 모든 사람은 이 세상에서 자기 삶을 자기 뜻대로 꾸려 갈 자격을 똑같이 가지고 있다는 '만민평등 자격'을 인정받게 된다.

문제는 인간이 타인과 협력을 하기 위하여 공동체를 만들 때 그 속에서 인간 간의 관계를 어떻게 규정하는가에서 생긴다. 자기완성적 존재인 개인들이 공존을 위해 타인과 공동체 구성에 합의하려면 구성원 자격의 동등성 보장은 당연하다. 모두 똑같이 기본 인권, 규범 준수 의무, 법 앞의 평등을 보장받는 공동체의 주체로서 집단의사결정에도 동등하게 참여할 권리를 가진다는 믿음에 대해서는 대체로 모두 동의하고 있다. 그러나 공동체 운영과 관련하여 역할을 분담할 때 어떤 역할을 맡는가, 그리고 공동체가 베푸는 혜택을 똑같이 받아야 하는가 하는 문제에 대해서는 많은 사람들이 의견을 달리해 왔다.

　사람은 능력에 있어서 모두 똑같지 않다. 능력도, 지혜도, 욕심도 다르다. 공동체를 운영하려면 여러 가지 능력과 지혜, 경륜을 갖춘 사람이 필요하다. 이러한 생각이 바탕이 되어 특정한 일을 할 수 있는 능력과 지혜를 갖춘 사람을 자리에 앉혀야 한다는 선능여현選能與賢의 주장이 대세를 이루었다. 중국 사상의 주류를 이루는 유학 체계에서는, 공동체 구성원으로서의 자격에 있어 모든 사람은 동등하다고 보나 각자 능력에 따라 공직을 맡기는 안분按分이 자연질서와 부합하는 평화 질서로 보았다. 이상익李相益 교수는 그의 저서 『현대문명과 유교적 성찰』에서 동서양의 평등관을 비교 분석한 후 하늘이 부여한 삶의 주체로서의 타고난 자격生得分, ascribed status은 평등하게 인정하고, 살아가면서 얻어진 능력과 지혜에 따른 성취 결과成就分, achieved reward는 공동체 전체의 질서 유지의 필요로 만든 규범 체계에 따라 차등하게 존중해 주는 유연한 대응이 바람직하다고 주장했다.

　'인간의 최종적인 행복'을 증진하기 위해 만든 것이 정치공동체라는 플라톤의 주장을 받아들인다면 국가는 국민 각자 행복의 조건인 '인간존엄성이 보장된 자유'를 보장해주어야 하며, 어느 특정인의 자유만이 아니라 모든 구성원의 자유를 동등하게 보장해주어야 한다. 그러기 위해서는 모든 국민의 권리가 동등하게 보장되어야 한다. 현실적으로 국민의 자격에서의 평등은 신분의 차이, 빈부의 차이, 직업 간의 차이 등 모든 주어진 상황에 따른 차별을 받지 않는 권리를 말한다. 김충렬金忠烈 교수는 『노장철학강의』에서 평등을 좀 더 정확히, 그러나 좀 어렵게 다음과 같이 표현했다. "평平이란 개체가 전체 속의 자기 정위正位를 정립하고 평탄평서平坦平舒한 환경에서 평서평균平序平均에 따라 정직불경正直不傾한 개체를 확립, 충실한 공능을 저해 없이 창달함을 말한다"고 표현했다.

3. 공존을 위한 타협 원칙

각자 서로 다른 욕구와 이상, 그리고 능력과 지식을 가진 사람들이 하나의 공동체를 이루고 서로 협력하는 체제를 만들려면 각자 자기의 욕구와 꿈을 추구하는 자유를 일부 자제하여 공동체 내의 다른 사람의 자유와 양립시킬 수 있어야 한다. 이러한 공존 원칙이 마련되어야 평화질서가 구축될 수 있다.

평화란 동등한 자격平을 가진 공동체 구성원들이 자기의 행복추구 자유의 일부를 양보하여 공통이익和을 만들어 낼 때 이루어지는 공존질서이다. 평화의 핵심은 구성원 간의 동등한 자격의 상호 인정平과 구성원 각자의 추구 가치 간의 조화和이다. 위의 김충렬 교수는 화和를 "…… 개방된 개체들이 감응, 화합, 교역交易 등의 과정을 통해…… 보합保合된 태화太和를 얻고…… 이를 공평균제公平均齊하게 개체들에게 되돌려주는 평제중도平濟中道의 매개 작용"이라고 정의했다.

조화된 집단 가치 창출에서 가장 중요한 것은 타협을 주도할 기준을 결정하는 것이다. 구성원 각자가 원하는 상태를 배열시킬 때 그 가운데中位數에 해당되는 값을 기준으로 삼아 각자의 편차를 양보시키는 방법을 제시한 학자들이 많다. 그러나 이러한 평균치, 또는 중위치를 기계적으로 산출하여 기준으로 삼는 것은 좋은 타협의 방법이 될 수 없다. 사람은, 신에 의하여 창조된 피조물被造物이라고 보든, 자연의 동물계에 속한 하나의 생명체라 보든, 불완전한 존재이기 때문에 이러한 불완전한 개인의 요구와 판단을 다수결을 통해 하나로 통합한 후이를 '공동체의 의지'로 삼는 것은 무리이다. 20세기의 전체주의, 즉 나치즘, 파시즘, 레닌이즘 등이 투표를 앞세워 자기들의 주장을 '진리'로 위장할 때 이러한 '다수 절대의 원칙'을 주장했다.

타협은 이성적 판단으로 도출한 내용을 구성원들이 자기의 생각과 비교하여 수용, 부분수용, 부분수정 요구 등을 할 수 있도록 해야 바른 공동체 의사를 결정할 수 있다는 주장도 있다.

전통적 중국 유학 사상 체계에서는 인간의 인지 능력을 초월한 우주 대자연의 질서天理가 있고 여기서 도출해낸 현실 세계의 지도 원리人道가 있으며 이것을 가시적 조직체계로 구성해 놓은 예禮가 있다고 주장한다. 이 예禮를 구성원들의 자기행위 선택의 지침으로 삼을 것을 요구하고 이 과정에서 공존의 합의를 도출하려 했다. 유가 사상을 대표하는 맹자孟子의 천인합일天人合一설이나 순자荀子의 천인상참天人相參설이 이러한 논리에 속한다. 사회 구성원 간 다른 견해들의 분포分布는 타협을 위한 통합안 작성의 조합 비율을 결정하는 것으로 사용할 수는 있어도 분포상의 다수로 곧 절대 진리의 발견이라고 주장하는 것은 다수의 횡포를 정당화하기 위한 전체주의자들의 전술적 주장이다. '소수자보호 원칙'은 공동체의 집단의사결정에서 반드시 지켜야 할 원칙이다.

4. 주권재민 사상

민주평화질서는 주권재민 사상을 바탕으로 이루어진다. 공동체 구성원이 주권자로서 직접 공동체의 집단의지 결정에 참여해야 구성원의 '인간존엄성이 보장된 자유'가 보장될 수 있다는 생각에서 치자治者와 피치자被治者를 일치시키는 자율체제는 민주평화질서의 불가결한 성립 조건이 된다.

주권재민 원칙은 국민의 평등한 정치참여권 보장으로 지켜진다. 정치참여권에는 공직선출권, 공직담당권, 그리고 주요 국가정책에 대한 국민의 동의권 등이 포함된다.

주권재민의 원칙은 '주어진 평화'와 '스스로 지키는 평화'를 가르는 기준이 된다. 절대왕조 시대에도 군주가 성군聖君이면 모든 국민이 평화를 누릴 수 있었다. 그러나 그 평화는 군주의 자의에 의한 시혜여서

언제라도 군주가 거두어들일 수 있는 평화였다. 국민 스스로가 법을 제정하며 공직자를 선출하고 중요 헌법사항 결정에 투표로 국민의사를 표현하는 주권재민의 원칙이 제도화된 경우에만 평화질서는 제도화되어 안정되게 유지될 수 있다.

제2장 평화질서 기초 가치의 보장 장치

민주평화질서의 기본 가치인 자유권, 평등권, 주권재민 원칙 등을 보장하는 제도가 제대로 마련되어야 민주질서는 의미 있는 공동체 운영 원리로 기능한다. 그리고 변하는 시대 환경에 따라 제도를 끊임없이 수정 보완하고 개선해 나가야 그 가치들은 지켜진다. 체제는 이념과 제도로 구성된다. 이념이 불변이라면 제도를 거기에 맞추어 개선해 나가야 한다.

민주평화질서의 핵심 가치인 구성원의 '인간존엄성이 보장된 자유'와 '평등권', 그리고 주권재민 원칙을 실현할 수 있는 '등가참여권'을 보장하는 장치들을 살펴본다.

1. 민주평화 기본 가치의 헌법적 보장

헌법은 국민과 국가가 맺는 계약이다. 국민이 공동체의 규범 질서를 존중하겠다는 약속과 그 대가로 국가가 국민의 '사람답게 살 수 있는 환경'을 만들어주겠다는 약속을 담은 계약서가 헌법이다. 국민은 정부를 구성하는 참정권을 보장받고 국가를 대표하는 정부는 국민의 기본 인권을 보장할 의무를 진다. 국민은 국가의 집단의지로 결정한 정책에 따라 부과되는 의무를 다 할 것을 약속하고 정부는 국민의 안전과 복지를 지켜줄 것을 약속한다. 이런 약속으로 민주국가가 세워진다.

헌법을 준수하지 않는 사람은 국민이 될 수 없다. 국민이 아닌 자는 헌법이 약속한 여러 가지 혜택을 요구할 수 없다. 계약 당사자가 아니기 때문이다. 민주헌정제도가 도입되기 전의 국민과 국가의 관계는 자발성이 기초가 된 계약 관계가 아니었다. 헌법 제도가 도입된 이후의 근대 국가에서 국민이 주권자의 지위를 갖게 되면서 계약은 성문화되었다. 홉스Thomas Hobbes, 루소J. J. Rousseau, 로크John Locke 등의 사회계약론은 국민과 국가와의 관계를 '묵시적 계약'으로 설정한 이론들이었을 뿐이다.

미합중국은 최초의 명시적 헌법으로 만들어진 국가였다. 미국의 성문헌법은 지난 200여 년 동안 모든 국가 헌법의 모범이 되었으며 현재 전세계의 모든 국가는 헌법을 가지고 있다. 헌법은 근대 국가의 기초로 자리 잡았다.

헌법은 국가라는 공동체의 존재 의의Raison d'être를 밝히는 기본 가치를 명시하고 이를 규범화한 근본 규범Grundnorm을 기초로 국민이 준수해야 할 의무와 국가가 국민에게 보장해주어야 할 의무를 밝힌다. 민주주의를 건국이념으로 하는 국가의 헌법에서는 국민의 참정권과 국민이 보장받을 기본 인권을 국가가 보장하도록 규정하고 있다. 그리고 이 규정들은 국민과 국가가 새로운 약속을 하기 전에는 양측이 모두 지키기로 되어 있다. 헌법은 그런 뜻에서 현존 국가공동체의 정체성을 규정하는 국가의 기본 강령이 된다.

헌법은 헌법 가치를 지키는 자체 방어 장치를 반드시 담고 있어야 한다. 헌법재판소를 독립된 헌법 기구로 만들어 헌법 가치를 훼손하는 정치 세력의 도전을 막아내야 한다.

2. 민주평화질서를 위한 헌법 규정

자유인의 자발적 합의로 이루어진 공존 질서로서의 민주평화질서를 국시國是로 하는 국가에서는 헌법에 다음과 같은 사항이 포함되어야 한다.

1) 기본 인권의 보장

민주평화질서는 자유인인 국민의 자발적 합의로 만든 공동체질서이고 자유인인 국민들이 '사람다운 삶'을 누리기 위하여 만든 협동질서이다. 질서를 만든 목적이 질서를 만든 주체인 국민의 사람다운 삶을 누릴 수 있는 기본 권익을 지키기 위함이므로 국민의 기본 인권 보장은 헌법이 지켜야 할 가장 중요한 약속이 되어야 한다. 생명추구권, 언론과 출판의 자유, 집회와 결사의 자유, 개인 재산 등을 포함하는 기본 인권 보호 장치가 헌법에서 보장되어야 한다.

헌법이 보장하는 국민의 기본권에는 한 가지 중요한 조건이 첨가된다. 국가 정체성을 규정하는 국가의 민주평화질서 자체를 부정하는 권리는 허용되지 않는다는 것을 헌법에 명시하여야 한다. 민주헌정질서 자체를 깨는 어떤 행위도 금지하여야 한다. 질서를 만든 주체로서의 자기 부정이 되기 때문이다. 헌법질서를 부정하는 언론, 출판, 집회, 결사의 자유는 허용되어서는 안 된다.

2) 평등권 보장

헌법은 모든 국민이 '법 앞에 평등'을 보장받도록 규정하여야 한다. 신분과 성별에 따른 차별, 빈부차에 대한 차별 등은 금지된다. 민주평화질서를 만드는 주체로서의 자격에는 차별이 없기 때문이다.

평등권에는 법 적용에서의 차별을 받지 않는 '법 앞에 평등'이 핵심이 된다. 그리고 국정에 참여하는 주권자로서의 참정권에서는 등가참여 원칙이 보장되어야 한다.

문제는 국민 각자의 업무담당 능력 차이를 무시하고 동등하게 공무담당권을 인정해야 하는가이다. 공무담당권은 '기회의 평등' 보장에 그쳐야 한다. 할 수 없는 일을 맡았을 때 공동체 전체 이익, 다른 국민에게 피해를 주는 결과가 오기 때문이다. 또한 국가가 주는 혜택도 기여도에 관계없이 등가로 주어서도 문제가 생긴다. 공동체 구성원으로서 자유인의 삶을 누릴 수 있는 최소한의 조건을 마련하기 위한 '복지'는 질서 유지의 필요를 고려하여 국민 전체의 합의로 기여도에 관계없이 보장해주어야 하나, 각자가 자유로운 활동으로 획득한 부를 각자의 성취 결과와 관계없이 균등하게 보상하는 것은 국민 각자의 평등권을 해치는 결과가 되기 때문이다. 평등권 보장은 '기회의 균등'을 기준으로 삼아야 하고 '결과의 균등'을 강요해서는 안 된다.

3) 주권재민 원칙의 보장

주권재민 원칙은 주권자인 국민의 자율을 보장하는 원칙이므로 모두가 동등한 격을 가지는 자율질서를 위해서는 평등한 참정권이 헌법에 의해 보장되어야 한다.

주권재민 원칙 보장에 의해 국가 의사는 국민의사의 집합적 결정으로 이루어진다. 국가 의사결정은 국민의 의사가 반영되도록 하는 제도가 헌법에 규정되어야 한다.

민주평화질서는 헌법에 의하여 이루어진다. 평화질서는 주권을 가진 절대군주의 시혜에 의해서도 이루어질 수 있으나 그것은 통치자의 자의에 의한 것이어서 법적 보장이 되지 않는다. 민주평화질서는 구성원의 주권 행사로 유지되고 주권재민 원칙은 헌법적으로 반드시 보장되어야 한다.

제3장 민주평화질서에 대한 위협 요소

과학기술이 급속도로 발전하면서 산업 구조와 생산양식이 급변하고 이에 따라 생활양식이 혁명적으로 바뀌고 있다. 또한 나라와 나라 사이의 국경이 얇아지고 사람들의 활동 범위가 초국경적으로 확대되면서 문화 접촉이 활발해지고 사람들의 생활공간이 전 지구적으로 넓어지고 있다.

국가 단위로 제한된 영역 안에서 고정된 인구를 국민으로 삼는 국가정치공동체의 운영도 크게 바뀌고 있다. 우선 국민들의 정부에 대한 요구가 달라지고 있다. 그리고 새로운 요구는 고도의 전문성을 가져야 충족시킬 수 있는 것들이다. 또한 국제사회가 하나의 통합 질서로 묶이기 시작하면서 국가는 모든 정책에서 국제정치환경을 고려해야 하게 되었다.

이렇게 달라진 시대 환경 속에서 민주평화질서라는 21세기적 보편 질서를 유지하면서 국민의 요구를 충족시켜 나가려면 국내정치체제를 이에 맞추어 끊임없이 개선해 나가야 한다.

새 시대에 민주평화질서를 위협하는 가장 두드러지는 위협 요소들을 몇 가지 짚어 본다.

1. 정보화혁명이 가져온 사회 구조 변화

21세기에 들어서면서 시작된 정보화혁명은 사회를 '양극화'시키고 있다. 양극화된 사회에서는 '공존의 자발적 합의'가 어려워지고 민주평화질서는 허물어진다.

과학기술 발달-생산양식 변화-사회 구조 변화로 이어지는 산업혁명은 사회를 파편화시키고 계급 갈등을 심화시켜 구성원의 동류의식을 바탕으로 하는 민주평화질서를 크게 위협했다. 가장 튼튼해 보였던 미국의 민주체제도 남북전쟁부터 19세기 말1865-1900까지 급속히 진행된 산업혁명으로 크게 흔들렸었다. 농업 인구가 64%에서 38%로 감소, 공장 근로자와 사무직 노동자가 급증하여 새로운 직업 집단이 생겨났고 이들의 이익과 자본가의 이익이 충돌하면서 계급 갈등이 심화되었다. 이에 따라 단합된 국민의식이 허물어지고 정치적 혼란이 격화되었었다. 그러나 미국 정부는 변화에 대응하는 과감한 정책으로 그 충격을 흡수하는 '규제된 자본주의 정책regulated capitalism'으로 대응하여 오히려 미국을 세계 최강의 선진국으로 변신시키는 데 성공하였다.

산업혁명은 20세기에 들어서면서 서구의 민주정치에 큰 충격을 주었다. 유럽의 민주주의는 그 충격을 이겨내지 못하고 파시즘, 나치즘, 볼셰비즘의 등장으로 붕괴되었다. 1930년대는 민주주의가 최악의 후퇴를 겪은 시대였다. 정부의 능동적 대응이 미흡했기 때문이었다.

그러나 산업혁명이 부정적인 결과만 가져온 것은 아니었다. 높아진 생산 능력으로 사회 전체가 부유해졌고 국민들의 생활수준이 비약적으로 향상되었다. 교육, 복지 등의 환경도 혁명적으로 좋아지면서 사회주의 정당들은 혁명 대신 점진적 개혁을 지향하게 되었고 자유시장 경제를 주장하던 보수 정당들도 '사회주의적 의식'을 일부 수용하게 되었다. 산업화 초기 단계에는 전제주의적 계획경제가 빠른 경제 성장을 이루는 데 효과적이었지만 점차로 산업화가 고도화되면 지식기반 산업 중심의 성숙된 산업 사회로 진입하게 되고 개방 사회가 경제 성장에서 앞서게 된다. 20세기 후반 민주국가들이 공산전제주의 국가들을 압도했던 것은 이러한 개방 사회의 특성 때문이었다.

그러나 21세기에 들어서면서 시작된 정보혁명은 민주주의에 산업혁명보다 더 큰 충격을 가하고 있다. 더 빠르게 사회 구조 변화를 가져오기 때문이다. 산업의 중심이 지식산업으로 변하고 지식산업이 급속히 자동화되면서 중산층을 이루던 지식산업 종사자들이 직장을 잃고 빈곤층으로 전락하기 시작했다. 미국의 경우 농업 인구는 2%로 줄어들고, 1980년에 50%를 차지하던 지식산업 종사자는 2016년에 15%로 줄어들면서 중산층이 무너졌다. 더구나 산업혁명 때는 노동자의 임금 수준도 꾸준히 향상되었으나 정보혁명 시대에는 임금 수준도 낮아지게 되어 빈부 격차가 격심해졌다. 50년 전 GM 노동자의 시간당 임금은 30달러(2016년 가치로 환산)였으나 지금 월마트Walmart에서 일하는 직원의 시급은 8달러로 떨어졌다. 이런 추세 속에서 미국 중산층은 "1 대 99"라는 구호를 내걸고 반정부 투쟁을 벌이기 시작했고 그 결과로 트럼피즘Trumpism이라는 대중영합주의적 흐름이 형성되고 있다. 민주주의가 또 한 번의 위기를 맞이하게 된 것이다. 이런 현상은 성숙된 민주국가에서 분만 아니라 신흥 공업국에서도 똑같이 벌어지고 있다. 잉글하트Ronald Inglehart 교수는 최근 포린 어페어스Foreign Affairs (2018년 5-6월호)에 기고한 "Can Democracy Save Itself?"라는 논문에서 "지금 세계는 1930년대 이후 가장 심각한 민주주의의 후퇴를 겪고 있다"고 걱정했다. 민주국가에서 전제주의 정당 지지도가 12%(1945년 7%)로 늘어난 것에 주목하면서, 제조업에서 지식산업 중심으로 급변하는 산업 환경에 적극적 대응을 해야만 민주주의를 지킬 수 있다고 지적했다.

2. 민주를 가장한 전체주의의 등장

민주평화질서는 국민이 주권자이고 국민이 정부를 선택하는 '국민에 의한 정부'를 요구하고 있다. 그리고 '국민을 위한 정부'로 국민의 욕구를 충족하여야만 하는 '국민의 정부'여야 한다. 그러나 '국민의 뜻'을 왜곡하여 정권을 장악하고 '국민을 위한 통치'가 아닌 자기 집단을 위한 통치를 하려는 정치 세력이 등장하여 문제가 생기고 있다.

산업화 흐름은 사회 구성을 바꾸어 놓고 있다. 특히 생산체제가 고도의 분업체계를 요구하는 대기업 중심 체제로 바뀌면서 생산에 참여하는 국민들이 자본가, 경영전문가, 기술자, 단순 노동자 등 다양한 직업별 집단으로 나뉘어 사회를 파편화시키고 있다. 자본가들의 이익과 기술자 집단, 그리고 단순 노동자 집단은 생산 참여의 방식이 다르다. 따라서 생산 성과의 배분 구조와 관련하여 이익을 달리하는 집단으로 나뉘고 서로 경쟁하는 관계로 발전한다. 이러한 이익집단은 국가공동체의 공동선보다는 자기가 속한 집단이익을 앞세우는 것이 보통이다.

　이러한 생산 구조에서 개인의 기업 활동 자유를 무제한 허용하면 생산 수단을 소유한 자본가 집단과 경영에 참여하는 집단, 그리고 노동 대가로 임금만을 받는 노동자 집단 간의 성과 배분에 있어 차등이 발생하게 된다. 이로 인해 빈부 격차가 넓어져 결과적으로 가진 자와 덜 가진 자 집단 간의 계급 갈등을 가져온다. 자본주의 경제체제에서는 결국 부유한 소수의 자본가와 다수의 노동자들 간의 극한적 계급투쟁을 가져와 사회의 단합을 무너뜨리게 된다. 이러한 계급투쟁을 정치적으로 악용하면 민주평화질서는 무너지고 다수 노동자의 지지를 이용한 '인민혁명'이 일어나게 된다.

　등가참여의 민주 제도에서는 다수의 노동 집단 지지를 바탕으로 계급독재체제가 발호하면서 '민주를 가장한 전제주의'가 등장하는 길을 열어주어 민주주의를 후퇴시키게 된다. 컬란치크Joshua Kurlantzick는 *Democracy in Retreat*에서 태국의 민주주의 붕괴 과정을 단계별로 세밀하게 추적 관찰하였다. 이를 통해 어떻게 민주정치체제가 계급투쟁과 '비자유적 민주주의체제illiberal democracy'를 거쳐 군사독재체제로 발전하고 무너졌는지를 밝혀내었다.

　20세기 초 산업화를 주도하고 선진 민주국가였던 독일과 이탈리아에서도 산업화-생산체제 변화-노동 계층 집단 불만의 팽배-다수 노동자의 지지를 얻은 전제정치체제의 등장이라는, 전형적인 민주 제도의 붕괴 과정을 따라 전제정치가 등장했었다. 나치즘과 파시즘이라는 극우 국수주의적 전체주의-전제정치체제가 민주 제도의 '다수지배' 원칙을 이용하여 등장한 것이다.

포퍼Karl Popper는 『열린사회와 그 적들』에서 이미 이런 현상을 '민주주의의 역설'이라고 하면서, 민주주의를 단순히 '다수에 의해 선출된 정부'라고만 주장해서는 '다수에 의한 폭정체제'의 대두를 막을 수 없다고 했다. '열린사회'에서는 국민이 마음껏 자기주장을 펼칠 수 있는 것은 물론, 모든 자유를 누릴 수가 있다. 이러한 '열린사회'가 먼저 마련되어야만 '다수가 선출한 정부'의 이름으로 민주정부를 가장한 전체주의-전제주의 정부의 출현을 막을 수 있다고 했다. '열린사회'에서는 개방된 의사 교환의 마당이 마련되어 거짓 선동을 분쇄할 수 있기 때문이라고 했다.

민주평화질서를 가능하게 하는 것은 공동체 구성원들 간의 공존 합의 의사이다. 공존 합의는 모두가 서로 함께 살아갈 동료로 인정하고 그들의 관심과 이익을 배려하는 마음mind을 가질 때에 가능해진다. 상대방을 나와 함께 살아갈 동등한 공동체 구성원이라고 받아들이는 동류의식은, 혈연관계에서 상대를 '나의 연장'이라고 생각하는 경우와 공동 이익을 위해 상대와 협력할 필요성이 있다고 생각할 때 생긴다. 공동체의 원형이 가족, 친족, 부족과 같은 혈연공동체였다는 것은 바로 혈연에 기초한 동류의식이 있었기 때문이다. 집단 간의 생존 경쟁이 격심할 때 같은 집단에 속한 사람과의 공존 합의가 용이한 것은 안전과 부의 유지라는 공통의 이익이 발견되기 때문이다.

혈연에 의한 공존 합의는 그 범위를 확대하면 민족주의가 된다. 함께 오래 살면서 형성된 공통 생활양식에서 문화 동질성이 생겨난다. 문화 동질성을 공유하는 집단을 민족이라고 한다. 민족을 이루는 공동체 구성원 간에는 '우리'라는 공동 의식이 형성되기 때문에 민족은 공통 문화라는 강한 구심력을 가진 집단이 된다. 그리고 집단 간의 쟁취가 삶의 양식이던 약육강식의 질서 속에서는 상대 집단에 대한 적대의식이 강하게 심어지면서 집단 내부의 단결이 강화된다.

전체주의는 자기 집단의 이익 수호 의지가 개인의 이익에 앞설 때 형성된다. 전체주의는 개인이 추구하는 자유를 넘어서는 공동체 지배 이념으로 자리 잡게 되고 전체주의 공동체 지배 이념은 민주평화질서를 파괴하는 '민주주의의 적'이 되는 것이다.

나치즘은 제1차 세계대전의 패전국 독일이 가혹한 전쟁 배상 부과로 공동체 구성원 모두가 함께 고통을 받던 환경에서 독일 민족주의를 앞세우고 태어난 민족주의-전체주의였다. 바이마르공화국의 이상적 민주정치체제는 민족주의-전체주의의 대두로 무너지고 독일은 개인 자유가 말살된 국가사회주의라는 전체주의 국가로 다시 태어났다.

러시아에서는 가혹한 전제군주제 속에서 인권, 부, 안전 등을 모두 잃은 노동자와 농민 계층의 불만을 이용하여 프롤레타리아 계급독재 체제가 태어났다. 생산 수단을 독점한 귀족과 부르주아 계급에 대한 대중의 집단적 증오가 공산주의 전체주의라는 새로운 반민주주의 정치체제를 가져왔다. 영국과 프랑스 등에서 시작된 시민혁명의 영향으로 러시아 사회에서도 자리 잡기 시작하던 민주평화의 정치이념은 노동자-농민의 가진 자에 대한 증오를 이겨낼 수 없어서 허물어졌다. 마찬가지 경로로 중국에서의 인민민주전정人民民主專政이라는 계급독재 이념도 중국의 가난한 농민들에게 '가난으로부터의 해방'의 메시지로 받아들여졌다. 생산 수단의 공유, 인민계급 내의 민주, 그리고 반동 세력에 대한 독재를 내세우고 혁명에 성공한 중국에서는 공동체 구성원 모두의 자발적 공존이라는 민주정치체제는 설 자리를 찾지 못했다.

20세기 후반에 들어서면서 산업화가 급속도로 이루어진 선진국에서는 자유 기업의 높은 생산성으로 국가 전체의 경제 수준이 향상되고 이에 따라 국민 모두가 부유해졌다. 빈곤에서 해방된 서구 선진국의 시민들은 물질적인 풍요 속에서 정신적인 삶의 질 향상을 추구하기 시작하였고 개인 자유의 증대가 물질적, 정신적인 삶의 질 향상을 가져온 현실을 보며 '인간존엄성이 보장된 자유'라는 목표 가치를 약속한 민주평화질서를 지지하기 시작하였다. 그 결과로 20세기 후반의 민주주의 전성기를 가져왔었다.

이러한 민주화의 물결 속에서 20세기 말에는 전세계 국가 중 80% 이상의 국가가 민주헌정질서를 국시로 하는 '민주국가'로 변신했다. 그러나 포퍼가 지적한 또 하나의 역설인 '자유의 역설'의 덫에 걸려 민주주의는 다시 퇴보하기 시작하였다. 포퍼는 무제한의 자유는 '자기 파괴적 결과'를 가져온다고 했다. 개인의 능력 차이, 생득적生得的 조건의 차이가 존재하는 현실에서 무제한의 자유를 허용하면 우승열패의 무한 경쟁이 일어나고 이에 따라 '가진 자'와 '가지지 못한 자'의 빈부 격차와 신분 격차가 극심해지게 된다. 그 결과로 처지가 같은 사람들끼리 모인 집단 간의 투쟁이 격화된다. 미국의 경우 가진 자와 가지지 못한 자 간의 빈부 격차가 급속도로 벌어지면서 21세기 초에는 '1대 99'라는 구호를 내건 대중의 집단 저항이 시작되었다. 같은 미국인이라는 동료 의식에 앞서 '가진 1%'와 '가지지 못한 99%' 간의 적대감은 사회 전체의 단합을 깨는 결과를 가져왔다. 가장 모범적인 민주국가라는 미국도 중남미의 여러 민주국가가 겪어온 '민주주의 역설', '자유의 역설'의 덫에 걸려 민주주의의 퇴보를 겪고 있다.

선진 민주주의 국가에서도 제도의 개선이 이루어지지 않으면 민주주의의 퇴보를 가져올 전체주의의 도전을 피하기 어려울 것이다.

3. 대중영합주의의 확산

레닌Vladimir Lenin은 볼셰비키 혁명을 준비하면서 다음과 같이 전략 계획을 밝혔다. 우선 레닌은 혁명의 이념을 다듬고 설득 논리와 전략을 개발할 소수정예 엘리트로 구성된 당黨, 그리고 투쟁에 동원할 대중이 있으면 혁명은 가능하다고 했다. 엘리트 당의 지적 파괴력intellectual destructive force of the cadre과 대중의 물리적 파괴력physical destructive force of the mass을 합치면 정권을 장악할 수 있다고 했다. 그리고 대중은 눈앞의 이익만 보기 때문에 가시적인 간단한 이익만을 약속하면 당의 지시를 따른다고도 했다.

레닌은 러시아에서 볼셰비키 혁명을 성공시키고 공산당 1당지배의 소련이라는 전체주의 전제정치체제를 확립하는 데 성공하였다. 중국 공산당도 인구의 80%를 차지하는 소작 농민을 '땅을 소유하는 자립 농민'으로 만들어준다고 선동하여 공산혁명에 성공하였다. 그러나 혁명 성공 후 소련과 중국은 농지를 모든 농민이 공유한다는 국영농장과 집단농장, 그리고 인민공사로 만들어 농민들을 임금노동자로 만들어 버렸다.

민주주의 국가에서도 '눈앞의 이익'을 내세워 대중을 선전선동으로 정치세력화 시키고 그들의 다수표로 정권을 장악하는, 이른바 대중영합주의가 정권 탈취의 수단으로 활용되기 시작하였다. 대표적인 예로 아르헨티나의 페론Juan Domingo Perón 대통령은 대중영합주의로 제36대와 제47대 대통령이 되었으며 그가 만든 당이 몇 십 년 집권하면서 선진국 대열에 올라서던 아르헨티나를 경제적으로 낙후한 1당 전제국가로 전락시켰다. 오늘날 대중영합주의를 '페론이즘'이라고 부르게 만든 전형적인 민주주의 몰락의 예이다.

공업화가 진행되면서 '대중'의 구성이 달라졌다. 농업 사회에서는 인구의 대부분이 농민이었다. 이들은 땅을 경작하는 직업 특성 때문에 전국토에 걸쳐 흩어져 살았다. 교통통신 기술이 발전되기 전에는 흩어진 농민들이 공통의 이익을 위하여 단합된 정치 행동을 하기 어려웠다. 지식을 갖춘 엘리트 집단인 정당 요원들이 농촌으로 내려가 v narod 제한된 정보를 가진 농민들을 선전선동으로 혁명세력으로 만들었다. 그리고 이들을 눈앞의 이익을 내세워 혁명에 동원하였다. 대중영합주의의 원형은 레닌식의 농민혁명 방식이었다. 그러나 공장이 노동자를 집단수용하면서 공업화, 도시화가 진행되었고 기업 단위로 밀집된 노동자들은 노동조합으로 조직화되기 시작하였다. 조직력을 갖춘 노동자 집단은 농민 중심의 대중과는 다른 '의식화된 대중'이 되었으며 민주 제도가 도입된 국가에서 노동자 집단은 정권을 좌우하는 정치 세력으로 등장하였다.

20세기의 후발 공업국가에서는 자본력과 기술 수준 등에서 선진 공업국과 같은 기술 집약적 공업체제를 갖추기 전이었기 때문에 값싼 노동력을 이용한 노동 집약적 공업체제를 운영할 수밖에 없어 노동자는 빈곤층을 이루게 되었다. 빈곤한 생활환경에서 불만이 쌓인 집단화된 노동자들은 사회주의-전제주의체제를 앞세운 정치 세력의 선전 선동에 쉽게 휘말리게 되고 이를 이용한 정치 지도자들의 대중영합주의의 희생물로 쉽게 전락한다. 신흥 공업국에서 민주주의 정치체제가 쉽게 무너지는 '민주주의의 퇴보' 현상이 20세기 후반 신흥 민주국가에서 두드러지게 나타난 것은 이러한 시대 환경 때문이다. 중남미의 여러 나라와 태국 등 동남아 국가, 한국 등에서 겪고 있는 민주정치체제의 혼란은 노동자 대상의 대중영합주의 때문이다.

21세기에 접어들면서 선진 공업국들은 이른바 제4세대의 산업혁명을 겪고 있다. 정보화라는 새로운 흐름 속에서 생산 공정이 자동화되고 인공 지능이 발달하고 있다. 과거 산업혁명 때와 달리 오늘날 정보혁명에서는 단순 노동자뿐만 아니라 고등 기술을 가진 기술자들도 무인화된 생산 공정에서 밀려나 고급 실업자가 양산되고 있다. 과거 중산층을 이루던 고급 기술자, 관리직 종사자, 문화, 예술, 교육 등의 지식산업 종사자 등은 지난 시대에는 사회를 이끌던 지배층에 속하였으나 21세기적 시대 환경에서는 생활에 불안을 느끼는 새로운 불만 계층이 되고 있다. 지식 노동자가 중심이 된 '고급 대중'이 새로운 불만 세력으로 등장하게 되면서 사회 안정을 흔들고 있다. 이들은 사회주의-복지정책을 내세우는 노동자 친화의 정부 시책에 반기를 들고 과거에 누리던 중산층의 지위를 되찾기 위한 '보수세력'을 이루면서 사회주의-전제주의와 맞서기 시작하였다. 단순 노동자 중심의 사회주의-전제주의 세력과 고전적 자유주의 민주 세력을 이루는 중산층 세력과의 대립 속에서 자유와 평등을 기본 가치로 하는 고전적 민주체제의 안정이 깨어지고 있다.

이러한 새로운 사회 변동을 수용하기 위해서는 현존 민주정치 제도의 과감한 변신이 불가피하다.

4. 정치문화의 변질

공동체는 사람이 만든 인위적 조직이다. 사람은 혼자서도 살 수 있는 '자기완성적 존재'이지만 다른 사람과 서로 돕고 사는 공동체의 구성원이 되어 '사회적 존재'로서의 특성도 갖추게 되었다.

사람은 합리적 판단을 할 수 있는 능력을 갖고 있기 때문에 공동체 속에서 타인과 협력하는 공존 관계를 수용하여, 얻어지는 이득과 공존을 위해 자기가 내려놓아야 할 자유의 일부를 비교하게 된다. 그리고 공존 시 얻어지는 이득이 크다고 생각되어 공동체의 구성원 지위에 만족한다고 보는 사람들이 있다. 상당 부분 맞는 말이다. 그러나 자기희생을 감수하는 사람은 다른 사람과의 관계 설정에서 이해타산만을 내세우는 것이 아니다. 상대방에 대한 배려, 사랑 때문에 즐겁게 자기희생을 감수하는 정감적인 마음가짐을 가지게 되어 상대방과의 공존을 원하기도 한다. 배려care란 상대방의 입장에서 나의 양보가 도움이 되리라 예상하고 나의 이득의 일부를 양보하는 마음가짐이다. 사랑이란 상대의 이익을 나의 이익보다 더 생각하는 마음이다. 좋은 일에는 상대를 앞세우고 궂은일에는 내가 앞장서는 마음가짐이 사랑이다.

공동체 구성원이 모두 상대방에 대한 배려와 사랑으로 공존의 마음을 가진다면 특별히 공존 체제를 제도화할 필요도 없다. 엄마와 아이와의 관계와 같이 공존 관계는 자연적으로 이루어진다. 그러나 반대로 공존의 기초가 되는 긍정적 마음가짐이 없는 구성원끼리는 합리적 판단에 의한 이해타산이 유리할 때만 협력하게 된다. 그때는 제도가 필요하다.

타인에 대한 배려와 사랑은 직접 만나서 함께 일하거나 지낼 때 생겨난다. 접촉이 전혀 없는 모르는 사람 사이에서는 사랑과 배려를 기대하기 어렵다. 혈연을 기초로 함께 살게 된 가족이나 친족의 범위 내에서는 배려와 사랑이 쉽게 이루어진다. '사회적 공동체'가 혈연 중심으로 시작된 것은 당연하다. 그러나 자기 한 사람의 노력으로 얻을 수 있는 것보다 협동을 통해 남과 함께 노력했을 때 이익이 크기 때문에 합리적 판단을 기초로 만들어지는 '이익공동체'는 협동의 효과를 극대화할 수 있는 제도가 마련될 때 생겨난다.

농업과 수렵, 목축을 생업으로 하던 시대에는 서로 얼굴을 마주하면서 협동을 하는 생산양식, 생활양식이 주를 이루었다. 이 시대의 사람들은 정감적 연대를 중심으로 하는 씨족, 부족, 민족 단위로 사회적 공동체를 만들었고 이들 공동체가 국가의 기본 정치공동체로 자리 잡았었다. 그리고 이 시대에는 공동체 안에서, 특히 물리적 접촉이 많은 소집단이 기초가 되어 단합력이 높은 사회적 공동체들을 이루었다. 함께 학교를 다닌 동창회, 같은 고향 출신의 향우회가 그런 공동체들이었다.

협동과 분업이 정교하게 조직된 공장이 주된 작업장이었던 산업화 초기의 생활환경에서는 매일 얼굴을 마주하는 공장 내 동료들 간의 공존 관계 중시 문화가 만들어졌다. 정보와 생활양식을 공유하는 사업장 단위의 인간 집단은 사회적 공동체와 이익공동체의 성격을 모두 가지게 되었다. 20세기의 인류 사회는 이러한 사업장과 직장 단위의 공동체가 사회 구성원들의 1차적 생활 단위가 되었다. 국가는 이러한 직장 단위들의 공존체제라는 이중적 정치공동체로 존재했었다.

21세기로 접어들면서 생산양식과 생활양식은 또 한 번의 혁명을 겪고 있다. 정보통신 기술의 비약적 발전으로 초지리적 통신이 보편화되었고 생산과 생활 단위가 공간적 제약을 벗어나게 되었다. 공간적으로 흩어져 있는 사람들 사이에서 정보, 지식의 교류가 실시간으로 이루어지고 생산을 위한 협동, 문화 공유가 얼굴을 마주하지 않아도 가능해져서 공동체를 이루는 구성원 간의 관계가 급격히 달라지고 있다. 특히 자동화로 인해 사람과 접촉하지 않고도 자기의 생활편의를 얻을 수 있는 시대에 들어서면서 물리적으로 혼자 고립되어서도 살수 있게 된 인간 간의 정감적 유대가 급격히 깨어지고 있다. 혼자서 전

자기기로 정보를 획득하고 자동판매기로 식사를 해결하고 홀로 문화생활을 누릴 수 있게 되면서 사회는 모래알처럼 흩어진 개인들이 정보통신망으로 연결된 공동체로 변화하고 있다.

모래알로는 성城을 쌓을 수 없다. 인간과 인간 사이에 기계가 다리를 놓는 비접촉 협동 체제에서는 상호 의존 필요성이 줄어들어 사회는 파편화된다. 나아가 서로 공존의 필요성을 덜 느끼게 된다. 더구나 구성원 간의 정감적 유대를 기초로 하는 공존 합의는 어려워진다.

민주평화질서라는 인간이 추구하는 최고의 공존 질서는 서로 구성원으로서의 동등한 격을 존중하면서 자발적으로 공존을 합의할 때 만들어지는 질서이다. 사회의 파편화, 구성원 간의 정감적 유대의 약화, 상호 간의 공존 필요성 인식의 약화 등 21세기에 들어서면서 두드러지게 나타나는 사회 현상은 민주평화질서를 지탱하는 정치문화를 크게 바꾸어 놓고 있다. 특히 구성원 간의 정감적 유대를 바탕으로 이루어졌던 민족공동체는 구성원을 묶는 구심력을 급격히 잃어가고 있다. 그리고 민족공동체를 기초로 하여 만든 민족국가가 으뜸정치공동체로서 참가하는 국제질서도 크게 변질하리라 본다.

5. 평화 개념의 오용

평화라는 개념은 '전쟁이 없는 상태'를 뜻하는 소극적 개념으로 오랫동안 사용해왔다. 뿐만 아니라 갈등은 악惡, 평화는 선善이란 인식이 오랫동안 존속해왔다. 이러한 인식을 악용하여 반민주 정치세력들은 선으로 포장된 평화를 내어 걸고 국민에게 자유의 희생을 강요해왔다.

갈등은 힘으로 잠재울 수 있다. 협박에 순응하면 전쟁은 피할 수 있다. 대신 자유를 포기하고 상대방의 자의에 복속해야 한다. 이러한 갈등과 전쟁의 부재不在가 평화라는 이름으로 강요될 때 민주평화질서는 무너지고 전제정치의 제물이 된다.

민주평화질서의 근간이 되는 평화는 "동등한 자격을 가진 자들의 자발적 공존 합의"라는 적극적 개념이다. 이러한 적극적 개념으로서의 평화는 강압이나 승복으로 이루어질 수 없다. 당당한 주체들 간의 자발적 합의로만 이루어질 수 있다.

평화질서는 민주주의 정치체제에서만 가능한 질서이다. 전제정치 체제에서 강요되는 국민의 침묵은 평화가 아니다. 그럼에도 불구하고 '민주를 가장한 전제정치' 주창자들은 전체주의-전제정치를 평화의 제도로 위장 선전하고 있다. 강요된 평화란 있을 수 없다. 이러한 '위장 평화' 세력의 논리가 민주평화질서를 위협한다.

제4장 **개혁 과제와 대응 방안**

　21세기에 들어서면서 시대 환경이 급격히 바뀌고 있다. 인간이 바라는 이상적 공존 체제인 민주평화질서를 이루기 위하여 많은 나라의 시민들이 주권재민의 민주헌정질서를 구축하여 운영해 왔다. 그러나 그 민주헌정질서가 21세기에 들어서는 길목에서 내외의 저항을 받아 흔들리기 시작했다. 시대 환경이 변하면서 민주를 가장한 새로운 전체주의-전제정치체제가 나타나기 시작했으며 사회의 파편화, 이익집단 간의 충돌 등 공동체의 단합을 깨는 사태를 악용하여 집권하려는 정치세력이 나타나고 있다. 이러한 새로운 형태의 대중영합주의와 민주평화질서를 허무는 '민주화의 역설'이 21세기 초부터 안정된 민주국가들에서조차 풍미하고 있다.

　민주평화질서라는 이상적 질서를 지키기 위해서는 현재 관행처럼 만들어 운영하는 민주헌정질서의 여러 제도들을 시대 변화를 흡수할 수 있도록 고쳐 나가야 한다. 과학기술 발달과 크게 달라진 생활양식으로 시민이 정부가 해주기를 기대하는 봉사가 많아졌고, 그 봉사의 내용이 전문적 지식과 기술을 요하는 것이 대부분이어서 이를 수용하기 위해서는 정부 기능을 확대하고 전문화해 나가야 한다.

　주권자인 국민의 의사를 국정 운영에 바르게 반영하기 위해 만들어 낸 정당제도, 투표 제도 등의 이익집약 제도도 개선해야 한다. 21세기의 사회 구성은 초기 민주 제도가 만들어지던 18~19세기와 다르다.

생산양식의 정교화와 생활양식의 다양화 등으로 사회 내에는 이익을 달리하는 여러 가지의 집단이 생겨났기 때문이다. 이들 집단 간의 이익투쟁이 심화되면서 '국민의사 통합' 과정이 세련되지 않으면 국론 분열로 국가의 단일정치체제 유지가 어렵게 되어 가고 있다. 새로운 국론 통합의 제도가 마련되어야 한다.

농업을 주된 생산 수단으로 삼던 시대에 정부 기능은 상식 수준의 지식과 능력을 갖춘 공무원이 맡아도 큰 지장을 겪지 않고 수행할 수 있었다. 그러나 이제는 정부가 고도의 전문 지식을 갖춘 전문가로 구성되지 않으면 국민들의 기대와 욕구를 충족시킬 수 없는 시대에 들어서고 있다. 공무원 충원 제도가 개선되어야 한다.

21세기에 들어서면서 두드러지는 또 하나의 고려해야 할 현상은 '국제화', '세계화'의 흐름이다. 정보통신 기술의 발달로 전세계 인구가 정보를 실시간으로 공유하게 되었고 교통 기술의 발달로 세계 모든 지역이 1일 생활권 내에 들어왔다. 이제 국가 단위의 생활공간 속에서 대부분의 사람들이 살아가던 시대는 끝났다. 국제적으로 통용되는 규범, 규칙, 제도 등을 수용하는 '국제화'와 자기 문화를 세계적인 것으로 확산하는 '세계화'가 진행되면서 국가와 국가를 가르는 국경이 얇아지고 사람들은 쉽게 국경을 넘어 다른 나라 사람과 교류하면서 살아가고 있다. 그리고 이와 함께 국가의 지위가 변하고 있다. 국가가 최고 주권을 가진 정치 주체라는 원칙은 아직 지켜지고 있으나 주권을 가진 국가도 대다수 국가가 참여하는 국제기구의 결정을 따라야 한다는 차원에서 이미 대외주권의 절대성은 흔들리고 있다. 기본 인권의 국제적 보호 등의 새로운 흐름으로 자국민에 대한 국가의 대내주권도 많이 약화되었다. 국제화, 세계화 흐름과의 조화를 위해서 국내정치 제도도 개혁해야 한다.

국가라는 정치공동체의 구성원은 국민이다. 국민들이 공존 원칙을 수용할 때라야 민주헌정질서가 유지된다. 그런데 국민들 간 공존 의식이 흔들리는 새로운 정치문화가 자리 잡고 있어 민주평화의 원칙 자체가 흔들리고 있다. 자동화 기술, 인공지능 기술, 가상현실 조작 기술 등이 급속히 발전하면서 사람들은 기계의 도움을 받아 욕구를 충족할 수 있게 되고 다른 사람과의 타협 없이 자기가 원하는 생활을 영위해 나갈 수 있게 되었다. 이렇게 타인과의 협동을 피부에 닿는 직접적인 필요로 느끼지 않게 됨에 따라 협력, 협동의 정치문화가 허물어지기 시작했다. 점점 직접 대면과 의사소통이 사라져 상대방에 대한 정감적 동류의식이 형성되지 않게 되면서 사회는 타산적, 이기적 개인들의 집합체로 변질되고 있다.

인간의 의식은 교육과 경험을 거쳐 형성된다. 오랫동안 같은 조직 속에서 경험과 지식을 공유하며 살아온 사람들이 공통의 정치문화를 만들어낸다. 이 정치문화가 그 공동체의 정체성을 만들어내는 바탕이 된다. 21세기적 시대 환경에서 '단세포화' 되어가는 개인의 의식을 공존 존중과 배려, 사랑으로 전환할 수 있는 잘 짜인 교육체계가 마련되어야 민주평화질서를 건강하게 유지해 나갈 수 있다.

위에서 예시한 몇 가지의 제도 개혁 과제를 각각 상세히 다루도록 한다.

1. 정부 기능의 확대

근대 민주국가가 탄생하던 17~18세기에는 이상적인 정부 형태로 '경찰국가'를 많이 거론했었다. 국가의 이상은 국민이 안전하게 생업에 종사하면서 정부의 간섭 없이 자기 생활을 계획하고 살아가는 것을 보장하는 것이었다. 그래서 범죄로부터 시민의 안전을 지켜주는 일과 외적으로부터 국가의 안전을 지켜주는 일만 담당하는 '경찰국가', '국방국가'가 이상적 정부 모형으로 제시되었다. 국가나 타인의 자의로부터의 해방이라는 국민의 자유 보장이 국가의 최대 과제이던 시절에는 '경찰 기능'만으로도 국가로서의 의무를 다하는 것이었다.

생산양식이 자가 소비 농업에서 기업농企業農으로 발전하고 소비재 생산을 위한 섬유공업 등 노동 집약적 공업이 시작되던 1기 산업화 시대에 들어서면서 국민들은 안전 외에 물질적 풍요를 추구하기 시작했다. 그리고 정부에 대해 더 넓은 농지와 값싼 노동력 공급을 요구하기 시작했다. 정부는 국민들이 원하는 토지, 노예, 원자재 등 확보를 위해 강한 군대를 육성하여 후진 지역에 나서기 시작했다. 정부의 기능이 강한 군사력 양성과 유지, 외교력 확대 등으로 확장되었다.

식민지 쟁탈전이 선진국들의 삶의 양식이 되었던 18세기부터 20세기까지 약 300년간은 식민지 쟁탈전에서 승리하기 위하여 무기 고도화 기술 개발, 교통통신 시설 확충, 중화학공업 육성 등의 기능을 정부가 새롭게 담당하게 되었다. 국가가 필요한 자금은 국민들로부터 세금을 징수하여 그들의 새로운 요구를 들어주고 이 과정에서 정부의 기능이 비대해졌다. 정부는 기능의 전문성 때문에 많은 전문 기구를 창설하여 운영하기 시작했다.

20세기에 들어서면서 공업선진국 국민들의 생활수준은 급격히 상승했다. 그리고 이와 함께 정부에 대한 국민들의 요구도 급격히 많아졌다. 국민 건강을 지켜줄 의료 체계 마련 요구와 함께 도로와 철도 등 교통 시설, 정보통신 시설 등 사회 공공자본재public goods의 확충 요구도 강해졌다. 그리고 국민들의 교육 수준을 높여 줄 수 있는 각급 학교 체제의 구축과 운영을 요구하기 시작하였다. 21세기에 들어서면서 국민의 요구 수준이 한층 더 높아지고 있다. 소득 수준 격차로 인한 계층 갈등 해소, 공기와 상하수도 등의 질 향상을 위한 환경관리 업무, 사회적 약자의 삶의 질 일정 수준 보장 등 정부가 해주기를 바라는 국민의 요구에 부응하기 위해서는 정부의 기능 확대가 불가피해졌다.

권력자의 자의로부터의 해방이라는 '소극적 자유'에서 '사람답게 살 수 있는 권리' 보장을 요구하는 새로운 시대적 국민의 요구를 충족하기 위해서는 정부의 기능이 확대되어야 한다. 정부 기능 확대가 제때에 이루어지지 않으면 불만 집단들의 도전으로 사회의 안정이 무너지고 민주평화질서도 무너진다.

2. 이익집약제도의 개선

같은 직업, 같은 생활양식을 가진 동질적 국민들로 구성된 국가공동체에서는, 국민들의 다양한 의사가 고르게 대표되는 다수결 원칙의 준수만으로 국민 간 의사 분포를 비례에 따라 반영, 통합된 국가 의사를 결정해도 괜찮았다. 그래서 그때는 보통선거 제도로 국가 의사를 결정하는 것이 민주정치의 기본 가치를 존중하는 바른 이익집약제도로 기능할 수 있었다. 그러나 국가 기능이 전문화되고 국가정책 결정에 전문 지식이 필요해지는 21세기적 시대 환경에서는, 모든 국민의 등가참여를 보장하는 단순한 다수결 원칙만으로 진정한 '국민의 뜻'을 찾기는 어렵게 되었다. "알았더라면 달리 생각할 수 있었던" 진정한 국민들의 뜻을 찾아주는 것이 격의 동등을 보장받는 국민들의 자발적 합의로 운영되는 민주평화질서의 정신인데, 잘 모르고 찍은 무지한 국민의 표를 '국민의 뜻'으로 내세우는 것은 마치 판단력을 가지기 전의 어린이의 의사를 본인의 뜻으로 강변하는 것과 같기 때문이다.

고도로 전문화된 정부 기능을 수행해야 할 21세기 시대 환경에서는 형식적인 다수결 원리, 무차별적 등가참여의 원칙을 그대로 고수하면 선전선동으로 집권을 모색하는 '민주주의를 가장한 독재자'의 대중영합주의로 민주평화질서 자체가 무너지게 된다. 신생 민주주의 국가에서 민주주의가 퇴보하는 일이 빈번하게 일어나는 것은 바로 이러한 시대에 뒤떨어진 이익집약제도 때문이다. 이것도 '민주주의의 역설'이다.

자기의 일상日常 업무에 매어 살면서 복잡한 국가정책에 대한 깊은 이해를 할 수 없는 일반 국민들에 대해 정당은 문제의 핵심을 정리하여 선택에 따르는 예상 결과를 보여줄 수 있는 전문적 지식을 갖추어야 한다. 그리고 국민의 바른 뜻과 국가정책을 연결시켜줄 수 있어야 국민의 '잠재적 진의'를 국정에 반영할 수 있게 된다.

국민의 의사를 정책안政策案으로 묶어 제시해줄 수 있는 이익집약 기구로서의 정당은 21세기적 시대 환경에서 진정한 민주평화질서를 유지하는 데 필수적인 조직이다. 따라서 정당을 임의 단체로 방치해서는 안 되며 헌법기구화하여 국민의 이익을 조직적으로 집약하는 정치 기구로 발전시켜야 한다.

헌법 기구로 정당 제도를 도입하기 위해서는 정당의 창당과 관리, 운영에 관하여 세밀한 규정을 법률화해야 한다.

정당 이외에도 분야별 전문가 집단을 이익집약제도에 합법적으로 참여시켜야 한다. 장기적 에너지 수급 계획에 따라 세워지는 원자력 발전소의 존속 여부를 제한된 수의 비전문가인 주민의 뜻에 따라 결정하는 것은 '민주주의를 가장한 폭정'이다. 무지는 아무리 많이 축적해도 참된 지식이 될 수 없다. 21세기의 사회는 고도로 발달한 과학기술이 생산 구조와 생활환경을 지배하는 '특화되고 전문화된 정교한 사회'이다. 분야별 전문가 집단이 국민의 잠재 의사를 이끌어내는 선도적 역할을 할 수 있도록 제도화해야 민주평화질서가 지켜진다.

21세기는 세분화된 생활환경이 집적된 거대한 복합 구조를 가지고 있다. 또한 각각 자기의 선택과 세분화된 전문 생활환경에서 뜻을 같이하는 사람들끼리 초지리적으로 연합하여 함께 삶을 영위하는 다원화된 복합 사회이다. 이러한 다양한 작은 집단을 획일적으로 관리하는 것은 사실상 불가능하다. 국가공동체 전체에 영향을 주지 않는 한 이러한 작은 생활 집단에게는 최대한의 자유를 주어 자율적으로 살 수 있게 해주어야 한다. 그것이 민주평화질서의 정신에 부합하는 일이 된다.

3. 정치충원제도의 개선

21세기적 시대 환경에서 민주평화질서의 가치를 존중하면서 전문화된 정부 기능을 제대로 유지하려면, 요구되는 기능을 제대로 발휘하게 할 수 있는 전문가를 선발하여 정부를 구성해야 한다. 단순한 다수결 원칙으로 공직자를 선출하는 정치충원 제도로는 전문화된 정부 기능을 수행할 수가 없다.

삶의 질에 영향을 미치는 공공서비스 영역에서는 국가가 서비스 제공자의 지식과 기술 수준을 통제하고 이러한 제도는 이미 거의 모든 국가가 채택하고 있다. 의사의 자격은 일정 기간의 의학교육을 수료하고 국가시험을 통해 국가 인증을 받는 제도를 시행하고 있다. 각급 학교의 교사, 교수의 자격도 정부가 통제하며, 사법제도의 공정한 운영을 위하여 판검사의 자격도 국가시험제도를 만들어 엄격히 통제하고 있다.

행정부의 공무원도 거의 모든 국가에서 국가시험을 통해 자격을 검증하고 있으며 군에서도 엄격한 자격심사제도를 통하여 장교를 선발하고 있다.

문제는 입법 기관에서의 정치충원제도이다. 국민의 뜻을 대표하여 국가의 중요 정책을 심의 결정하고 국민 모두가 준수해야 할 법률을 제정, 개정, 폐기하는 민주정치의 핵심 기관, 입법부 의원들의 자격심사제도가 마련되어 있지 않다. 현재 대부분의 국가에서는 주권재민 원칙의 연장선상에서 유권자 다수의 선택을 받은 자가 입법의원으로 선출된다. 그러나 입법의원으로서의 전문성 검증 제도를 도입하지 않고 있다. 근대 민주정치 제도가 처음으로 도입되던 시대에는 보편적 상식만으로 국가정책이 선택되어도 좋았었다. 그러나 정부 정책 결정이 고도의 전문성을 필요로 하는 21세기적 시대 환경에서는 일정 수준의 전문 지식을 갖추지 않은 입법의원이 선출되는 제도가 국정운영을 어렵게 만든다. 뿐만 아니라 '민주주의를 가장한 전제주의 정부'의 출현의 길을 열어주게 된다.

의원 수준의 고급화, 전문화를 위한 제도로 1당지배의 전제주의 국가가 채택한 현능주의 제도가 있다. 구소련은 하급 당에서 상급 당으로 순차적인 승진을 하고 자격을 갖추어 추천받은 '현명하고 유능한' 후보 중 최선의 공직자를 선발하는 방식의 노멘클라투라nomenklatura 제도를 운영하였다. 최하급 당에서 우수 후보를 선발하고 그 명단을 작성하여 상급 당에 제출하면 소수정예를 뽑아 차상급 당으로 천거한다. 이렇게 순차적으로 우수 인력을 선발하여 최종적으로 최고 소비에트를 구성하는 방식이다. 현재 중국이 이러한 현능주의를 적용하여 중국의 최고 통치 기관인 최고인민대표대회와 당중앙위원회를 구성한다.

현능주의 정치충원제도는 이론상 가장 유능하고 현명한 인재를 민주적으로 선발하는 제도이나 상명하복上命下服의 당 조직이 이를 운영

한다는 점에서 최고 통치자의 뜻이 인재 선발에 직접 영향을 주기 때문에 '민주주의를 가장한 전제 제도'로 전락할 수 있다. 현능주의는 과거 중국과 한국에서 시행했던 과거제도와 같은 취지의 제도이다. 문제는 일반 국민의 뜻에서 멀어지는 정치충원제도여서 민주평화질서의 기본 정신에 어긋난다는 점이다.

모든 국민에게 충원 대상자로서의 격의 동등을 인정하고 국가의 자격 검증 제도에 따라 입후보 자격을 제한한 후 주권자인 국민의 선거로 선발하는 정치충원제도 개선이 가장 현실적인 공직 충원 방법이 되리라 본다.

4. 비정부 공동체의 자율 확대

21세기 시대 환경에서 두드러지는 현상 중의 하나는 국가의 상대화이다. 국제사회가 점차 협의공동체에서 초국가적 권위체로 강화되면서 국가의 대외주권은 제한을 받게 되었고 국제규범에 승복하는 국제적 공동체의 구성원으로 되어가고 있다. 그리고 국내에서도 다양한 공동체가 생겨나면서 대내주권도 절대성을 잃어가고 있다.

이미 200년 전 미국에 민주공화국이 세워졌을 때 토크빌Alexis de Tocqueville은 미국을 돌아보고 민주주의를 가능하게 한 미국 사회의 특성으로 '시민사회civil society'의 발달을 꼽았다. 시민사회는 '시민들이 자발적으로 만든 결사체association'이다. 공동의 목적을 가진 사람들이 모여 함께 목적을 이루기 위해 만든 공동체가 '시민사회'이다. 고등교육을 하기 위하여 만든 대학, 특정 상품을 만들기 위한 기업, 같은 종교를 믿는 사람들의 결사체, 같은 취미를 가진 사람들이 모인 클럽 등은 모두 이러한 시민공동체이다. 이러한 결사체는 모두 자체의 이념, 조직, 규범을 갖춘 유기체적 공동체로 기능하고 있다.

21세기적 시대 환경에서 국민들은 1차적으로 이런 시민공동체를 삶의 터전으로 삼아 살아가고 있다. 학생은 하루 중 대부분의 시간을 학교에서 보낸다. 노동자는 기업체의 소속원으로 일하면서 생활에 필요한 자원을 확보한다. 이러한 공동체가 사실상 모든 국민의 생활 단위가 되어 있다. 개인은 국가공동체 구성원으로서 국민의 권리와 의무를 가지지만 동시에 자기가 속한 단체, 기업, 학교 등의 소속원으로서의 책임과 의무를 가지고 살아가고 있다. 개개인의 일상日常에서 직장이 1차적 생활 단위가 되고 국가는 그 다음의 관심사가 된다. 일상생활에서는 기업체의 사원이라는 신분이 국가의 국민이라는 신분보다 더 중요한 의미를 가진다.

모든 국민은 국민으로서 '으뜸정치공동체'인 국가의 주권자이지만 동시에 소속 단체의 규율을 지켜야 하는 직원이다. 일상의 삶에서 사람들은 소속된 몇 가지 공동체의 소속원으로 살아가면서 국민의 권리와 의무를 가지는 복합질서 속에서 살아가고 있다.

현재의 국가 중심 질서에서 국가 내의 모든 공동체는 국가의 통제를 받는 구성단위이다. 국가는 공동체 내의 규범보다 상위의 법률을 집행할 수 있는 권위체여서 소속원의 국민으로서 누리는 기본권을 침해할 수는 없다. 국가는 국가정치공동체의 단일성을 지키기 위하여 공동체를 통제하고 관리할 수 있다. 국가와 국민 간의 관계와 마찬가지로 국가와 시민공동체 간의 관계도 국가가 상위의 권위체로 통제권을 행사할 수 있다.

모든 국민의 1차적 생활 단위가 시민공동체가 되어 있는 21세기적 시대 환경에서는 이러한 시민공동체의 기본권도 국민의 기본 인권과 마찬가지로 보장해야 한다. 시민공동체도 헌법에 의하여 자율권을 보장받아야 한다. 국가의 기본 질서를 해치지 않는 범위 내에서는 시민공동체의 자율을 허용하는 것이 민주평화질서의 이념에 부합한다. 시민공동체에게 설립, 해체, 자체규범 제정권을 부여해야 한다.

자유민주주의 국가와 전제주의 국가의 두드러지는 차이점은 시민공동체의 자율권 인정 여부이다. 전제주의 국가에서는 자율적 시민공동체를 인정하지 않는다. 모든 '민간단체'는 정부가 만든 조직체이다. 경제단체, 문화단체도 모두 국가가 만들고 관리한다. 자유민주주의 국가에서는 국립, 공립, 공기업 등 정부가 만든 조직체가 있지만, 국민이 필요한 시민공동체를 형성하여 운영할 수 있는 자유를 기본권의 일부로 인정하고 허용하고 있다. 전제주의 국가의 모든 기업은 국영기업이고 모든 학교는 국립-공립이다. 종교단체, 문화단체도 사립을 인정하지 않는다.

민주평화질서를 안정되게 유지하면서 국민들의 '인간존엄성이 보장된 자유'를 최대한으로 보장해주기 위해서는 시민공동체의 자율권을 극대화해야 한다. 민간이 할 수 없는 대규모의 공공사업은 공공기업이 담당하게 하여 국영으로 하더라도 그 외는 기업 자유를 극대화해야 한다. 구성원이 주권자로서 책임과 의무를 다할 수 있는 최소한의 기초적 국민교육은 국가가 직접 국립의 교육 기관을 만들어 담당해야 하지만 대학 수준의 교육은 뜻 있는 국민들이 스스로 만들어 자율적으로 관리할 수 있게 해야 한다.

자율적으로 기능하는 시민공동체가 민주평화질서의 안정적 운영을 보장하는 장치가 된다. 활발한 자율시민단체, 시민공동체가 국민의 행복을 보장하는 수단이다.

5. 국제질서와의 조화를 위한 제도 개방

21세기 시대 환경은 한 나라가 국제사회에서 고립되어서는 살아남을 수 없게 되었다. 전세계가 하나의 생활권으로 묶여 있고 하나의 시장으로 되어 가고 있다. 경제 영역에서는 국제적 분업이 일상화되고 있다. 국내와 국제정치질서를 조화시켜 나갈 수 있도록 국내정치 제도를 고쳐 나가야 한다.

1948년 국제연합이 총회결의로 「세계인권선언」을 선포한 이후 인간의 기본 인권은 '천부의 권리'로 어떤 국가도 제한할 수 없는 인류 보편 가치로 자리 잡았다. 이에 따라 각 국가는 기본 인권 보장을 의무로 받아들여야 하고 다른 국가 내에서의 인권 탄압에 대해서도 개입하여 시정해 나가야 할 의무R2P: Responsibility to Protect를 지게 되었다.

민주평화질서의 핵심 가치인 '기본 인권'은 이제 국경을 넘어 온 인류 사회의 공통된 가치로 인정받게 되었다. 각 국가는 아직도 대외주권을 가진 주체로서 국내정치질서를 자체적으로 채택, 관리, 운영할 수 있으나 이제는 국제사회에서 초국가적 가치로 선언한 '기본 인권'을 해치는 규범은 만들 수 없다.

국제질서는 점차로 강화되고 있다. 아직 하나의 세계 정부로는 굳어지지 않았지만 각종 '다자 조약'이 생기면서 국가의 '국제적 의무'가 늘어나 각 국가의 자유가 많이 제약되고 있다. 그리고 지역별로 생겨난 지역협력체도 국가에 준하는 통제력을 가지게 되어 소속 국가를 구속하기 시작했다. 유럽공동체, 동남아 국가연합 등도 준국가로 되어가고 있다. 이러한 국제사회의 조직화 흐름에 맞추어 나가기 위해서는 국내정치질서도 국제사회의 규범체계와 조화를 이룰 수 있도록 계속 개혁해 나가야 한다.

6. 민주평화를 지키는 정치문화 만들기

정치공동체는 사람이 구성원이 된 집단이다. 구성원의 생각이 정치공동체의 기본 가치와 일치할 때만 그 공동체는 안정적으로 유지된다. 공동체에 대한 구성원의 생각이 정치문화이다. 공동체의 안정을 유지하기 위해서는 정치문화를 다듬어 나가야 한다.

정치문화란 정치이념, 정치제도에 대한 국민들의 신념, 평가, 태도 등을 포함하는 마음가짐이다. 사회 구성원 내의 정부 정책, 제도에 대한 감정적 반응의 분포를 정치문화라고 정의한다. 민주평화체제는 사회 구성원의 대부분이 민주평화의 기본 가치를 지지하고 그 가치 수호를 위해 노력하려는 생각을 가져야 유지된다. 그리고 민주평화 가치 실현을 위해 만든 제도를 긍정적으로 받아들여야 지켜진다.

인간의 가치, 특정 체제에 대한 평가는 그 사람의 가치 성향, 경험, 체제에 대한 정확한 인식 등에 따라 결정된다. 그리고 그러한 인식은 시민교육에 의하여 형성된다. 그런 뜻에서 교육은 특정 정치문화 형성의 가장 중요한 도구가 된다.

민주정치는 시민의 정치이다. 시민이란 자기 행위의 의미를 알고 결과에 대한 책임을 질 줄 아는 국민을 말한다. 자기 행위의 의미를 모르고 책임 질 줄 모르는 대중과 구분하기 위하여 시민이란 개념을 사용한다. 민주정치는 국민 중에서 적어도 시민이 과반수가 되어야 바르게 운영된다. 그런 뜻에서 민주시민교육은 민주평화질서를 지키는 가장 중요한 수단이 된다. 시민의식을 갖추지 못한 대중은 선전선동에 능한 정치인들의 대중영합주의의 희생물이 되기 쉽고 결과적으로 민주헌정질서를 무너뜨리게 된다.

오늘날 대부분의 민주국가에서는 주권자로서 국가 운영 원칙을 이해할 수 있도록 국민에게 최소한의 정치 교육을 헌법으로 의무화하고 있다. 모든 국민이 일정 기간 국가 주관의 기초 정치교육을 의무적으로 받게 되는 것이다. 한국도 6년간의 의무교육을 국민의 3대 의무 중하나로 헌법에 규정하고 있다.

동양 사상의 핵심을 이루는 유학儒學에서는 교육을 통한 정치문화의 창달을 국가 통치의 핵심으로 규정했다. 유학의 논리를 요약하면 다음과 같다.

첫째로 인간은 자연의 일부이므로 자연의 섭리인 하늘의 질서天理를 따라야 한다. 인간의 공동체질서도 하늘의 질서를 따라 만들어야 한다.

둘째로 하늘의 질서를 따르는 길道은 자연의 일부인 인간의 마음속에 잠재되어 있다. 이미 백성의 마음속에 잠재되어 있는 하늘의 뜻을 교육으로 깨우쳐 스스로 따르게 하는 것이 정치이다.

셋째로 하늘의 질서를 따라 인간 사회의 질서로 만든 것이 예禮이고 예를 대중에게 가르쳐서 깨달아 이를 수용하게 하면樂 바른 질서가 되는데, 하늘의 위임天命을 받은 천자天子가 하늘의 뜻을 펴는 것이 정치政이다.

넷째로 바른 길을 일러주어도 이를 깨닫지 못하는 자는 벌을 주어 고쳐 나가야 한다刑.

나라 다스리는 일은 예악형정禮樂刑政의 네 가지 일이고 그 중에서 가장 중요한 일은 하늘의 뜻을 모든 사회 구성원이 깨닫도록 가르치는 것이다.

이러한 유학적인 정치사상체계는 지금도 유효성을 가진다. 정치체제의 안정은 정치문화의 보편화로 이루어지고 정치문화는 정치교육을 통해 순치될 수 있기 때문이다.

민주평화질서가 21세기 시대 환경에서 인류가 정립해 나가야 할 이상적 정치질서라면 민주평화질서를 수용하는 정치문화를 체계적으로 교육하는 제도의 확립이 가장 큰 과제가 된다.

7. 민주평화 정신을 지킬 초헌법적 조직의 도입

제도를 지켜내는 것은 그 제도가 지키려는 정신이다. 정신이 살아 있으면 그 정신이 제도가 잘못 운영되지 않도록 길을 밝혀 준다. 민주평화의 이념을 모든 국민이 공유하고 있으면 민주평화 이념 실현을 위하여 만들어 놓은 제도가 궤도를 벗어나 민주평화 정신을 파괴하는 자해 행위를 하도록 내버려두지 않는다.

앞에서 소개한 바와 같이 유학 전통의 정치사상체계에서는 우주 자연의 질서天理를 바른 질서의 기준道으로 삼는다. 그 기준에 맞추어 인간 사회의 정치질서를 만들어 놓은 것이 예禮이고 이 질서를 따르도록 공동체 구성원을 가르치고 이끄는 일政이 곧 정치이다. 이 질서를 구성하는 규범을 어기는 자에게 벌을 주어 바로 잡는 일이 형刑이다. 이처럼 사회 구성 원리에 맞추어 제도를 제정·운영해오는 과정에서 기본 정신을 벗어난 제도의 악용은 형刑으로 다스리도록 하였다. 그러나 정작 제도를 지키고 법을 시행하는 통치자가 체제의 기본 정신에서 벗어날 때는 어떻게 할 것인가?

맹자孟子가 답을 내놓았다. 인간은 모두 자연의 일부이므로 인간의 의식 속에는 자연질서의 법칙道이 잠재되어 있다. 하늘의 뜻天命을 받들어 통치하는 군주가 제대로 도道를 실천해 나간다면 다스림을 받는 백성들의 마음속에 잠재된 도道와 공명共鳴이 일어난다. 이것이 악樂이다. 그래서 민심民心이 곧 천심天心이라고 했다. 만일 군주가 도道를 벗어나면 민심은 이를 거부하게 된다. 백성은 그 군주가 천명天命을 잃은 것이라고 생각하고 '새로운 천명을 받은 자'로 군주를 바꾸어야 한다 率. 이것이 혁명의 논리이다.

민주평화 이념이 공동체 구성원들의 공유 가치라면 그 가치를 모두가 지켜야 할 규범은 헌법으로 규정하여야 한다. 그러나 헌법 수호와 실천 책임을 지닌 통치 세력들이 이를 지키지 않을 때는 어떻게 할 것인가? 20세기 후반부터 21세기 초까지 연이어 목격되는 여러 민주국가에서의 민주헌정 퇴보 현상은 모두 반민주 정치세력들이 선거라는 '민주 절차'를 악용하여 반민주 정치체제를 세우는 구조를 가졌다. 즉 헌법을 수호해야 할 통치 세력이 헌법 정신을 파괴하는 반민주 혁명을 시도한 예들이다.

민주평화질서의 핵심은 국민이 공유하고 있는 민주평화 정신이다. 이 정신은 헌법의 기초가 될 뿐 아니라 헌법을 지키는 초헌법적 가치이다. 헌법이 규정하고 있는 규범을 어긴 구성원은 헌법이 위임한 사법 절차에 따라 처벌하면 되지만 헌법 정신을 어기는 반민주 통치세력은 초헌법적 장치로 이를 규제할 수 있어야 한다. 그럼으로써 민주평화질서가 지켜지는 것이다.

행정부, 입법부, 사법부의 헌법 일탈 행위를 심판하고 시정할 수 있는 초헌법 기구로서의 헌법재판소가 있어야 한다. 그리고 그 헌법재판소의 결정이 힘을 가질 수 있는 장치를 마련하여야 한다.

맺는말 │ 제도는 끊임없이 경장해야 한다

제도는 이념을 실천하는 도구이고 수단이다. 이념에서 유리된 제도는 목적을 잃은 수단이 된다. 뿐만 아니라 이념과 헤어진 제도는 흐르는 시간 속에서 점차로 부정부패의 도구로 전락한다.

시대 환경이 바뀌면 제도도 고쳐야 한다. 제도는 이념과 밀착될 수 있도록 바뀌어야 본분을 다하게 된다.

조선조朝鮮朝는 건국할 때 당시 기준으로 제일 앞선 법률, 교육, 병역, 공무원 충원 등의 제도를 가졌었다. 그러나 그 제도는 흐르는 세월 속에서 창설 때의 목적에서 벗어나 다른 목적으로 악용되었고 국가질서 자체가 무너졌다. 예를 들어 가장 우수한 인재로 공무원을 충원하기 위하여 도입한 과거제도는 시간이 지나면서 창설 때의 현능주의 원칙은 묻혀 버리고 매관매직의 수단으로 전락하였고 대리 시험, 부정 채점 등으로 부패의 도구가 되어 버렸다. 병역제도도 면제특례를 악용하여 부정축재의 수단으로 일삼았고 상비군 복무 인원을 확보하지 못하는 망국의 제도로 전락하였다. 율곡栗谷: 李珥 선생이 건국 200년이 되던 1582년에 올린 상소에서도 "정신에서 벗어난 제도"의 폐해를 지적하였고, 이런 제도를 처음 제정했을 때의 정신을 담은 제도로 경장更張하지 않으면 국가질서가 무너질 것이라고 걱정했다.

민주평화라는 정치이념을 실현하기 위해 도입한 선거제도도 시대 환경이 바뀌면 계속 개선해 나가야 한다. 개혁이 늦어지면 대중영합주의자들이 민주평화체제를 전제정치체제로 이끄는 '합법적 도구'로 악용하게 된다. 여론 조작, 선전선동, 부정 투표, 선거 방해 등으로 국민의 '참뜻'을 왜곡시켜 민주헌정질서를 허무는 일이 일어날 수 있다. 히틀러Adolf Hitler는 바이마르공화국의 가장 앞선 민주 제도를 이용하여 나치스당 지배의 전제정치를 구축했다. 이른바 '민주주의의 역설'의 예이다.

평화질서의 핵심 가치는 국민의 평등권과 기본 인권의 보장이다. 평화란 모든 구성원의 '자발적 공존 합의'로 이루어지는 질서이다. 기본 인권 보장을 위하여 공정하고 효율적인 사법제도 운영이 필요해지고 수준 높은 재판관을 확보할 수 있는 자격검증제의 도입이 요구된다. 국민의 삶의 질 향상이라는 새 시대 민주 정부의 업무를 충실히 하기 위해서는 유능한 전문직 공무원을 충원할 수 있도록 그에 맞는 시험제를 도입해야 한다. 평등 원칙은 '기회의 평등'으로 준수하고 엄격한 현능주의적 시험으로 차등충원제도를 도입하는 것이 바람직하다.

불변의 이념을 지키기 위해서는 제도를 끊임없이 고쳐 나가는, 항시경장恒時更張의 유연한 제도운용체제를 구축해야 한다. 제도의 끊임없는 경장만이 평화질서를 지킬 수 있다.

제도의 존재 의의는 체제이념의 수호이다. 체제이념을 지키려는 사람을 격려하고, 이를 어기고 체제질서를 깨려는 사람에게는 벌을 주는 것이 제도의 사명이다. 제도가 체제 수호 장치 기능을 제대로 할 수 있도록 하려면 제도를 만드는 입법 업무 관련 공무원, 제도를 운영하는 행정, 사법부의 공직자들이 체제이념 수호 의지를 가져야 하고, 그런 인재를 선발하여 책임을 맡길 수 있는 공무원충원제도가 마련되어야 한다. 제도를 시대 흐름에 맞추어 끊임없이 개선해 나가려면 주권자인 국민들의 지지가 있어야 한다. 모두가 '마음 편히 살 수 있는' 민주평화질서도 깨인 시민들의 적극적 정치참여로만 지켜 나갈 수 있다. '민주시민교육'이 결국 밝은 미래를 여는 열쇠이다.

글을 마치며

'열린사회'가 답이다

모든 사람은 똑같이 창조되었다는 믿음과 사람은 자기만의 삶을 지키고 싶어 한다는 사실을 인정한다면, 서로가 서로의 다름을 배려하고 존중하며 함께 살아가야 한다는 공존 원칙은 모두가 끝까지 지켜야 한다. 서로의 격格의 같음을 존중하면서 공존에 대하여 자발적으로 합의한 질서를 평화질서라 한다면 이 평화질서는 시대 환경이 아무리 바뀌어도 지켜나가야 한다.

자유와 민주의 가치는 21세기 시대 환경에서도 불변의 가치로 지켜야 한다. 그리고 이 가치를 지키기 위해서는 과감한 제도의 개선을 해나가야 한다. 현능주의적 공직자 충원 제도의 도입, 등가참여 제도의 보완 등도 검토해야 한다.

특히 민주체제가 자리 잡히지 않은 사회에서는 대중영합주의가 등장, 대중을 선전선동으로 속여 민주 절차를 통한 다수 지지로 전제정치체제를 만들어 내고 있다. 이러한 새로운 형태의 '민주체제 전복' 현상으로 민주체제의 퇴보가 일어나는 21세기의 시대 환경에서는 이들이 악용하는 '민주화의 덫'을 피할 수 있는 제도가 마련되어야 한다. 그 길은 사회 주류를 이루는 국민들을 '정치적으로 깨인 시민'으로 육성하는 시민 교육뿐이다. 그리고 그 시민 교육은 시민들이 다양한 정보를 모두 접할 수 있도록 사회를 개방하여 계속 '열린사회'로 지켜 나갈 때 가능해진다.

'열린사회'가 답이다

평화의 기초는 '열린 마음'이다

평화는 공존 질서이고, 공존은 나만 옳다는 오만을 버리고 남의 마음도 헤아릴 수 있을 때 가능해진다. 자기 생각만 옳다고 주장하는 독선적인 '닫힌 마음'이 '평화의 적'이다.

포퍼|Karl Popper는 그의 책 『열린사회와 그 적들』에서 인류가 오랜 투쟁을 벌여 이루어낸 민주평화를 파괴하는 적으로 헤겔, 마르크스 등의 사상이 바탕이 되어 등장한 나치즘, 파시즘, 볼셰비즘 등 독선적 이데올로기를 꼽았다. 이들 독선적 이념 신봉자들은 '정의'의 이름으로 다른 생각을 가진 사람들을 학살하고 다른 생각이 도전할 수 없도록 공동체를 외부로부터 차단하는 폐쇄공동체로 만들었다. 20세기 100년 동안 이러한 교조적 사상집단은 2억이 넘는 무고한 사람을 학살하

였다. 지금도 자기 나라를 외부 세상에서 고립된 수용소로 만들어 놓고 전 국민을 영혼 없는 동물로 다루는 북한과 같은 '닫힌사회'가 상존하고 있다.

민주평화질서는 '열린사회'에서만 작동할 수 있다. 모든 사회 구성원이 자기 생각을 자유롭게 내세울 수 있고 또한 다른 사람의 생각을 자유롭게 받아들일 수 있는 열린사회에서만 자유인의 자발적 공존 합의로 민주평화질서가 유지될 수 있다. 25년 전 신현확 총리와 함께 만났던 슈미트Helmut Schmidt 전 서독 수상은 나에게 "중국의 장래를 보려면 덩샤오핑을 주목해라, 그리고 덩의 구상을 알려면 리콴유李光耀를 보라"고 권했다. 마오이즘에 묶여 10년에 걸친 문화대혁명으로 자국민 수천만 명을 학살하던 '죽의 장막 속의 중국'을 개혁개방의 길로 인도했던 덩이 오늘의 '반쯤 열린 중국'을 만들어 냈는데 그 덩샤오핑이 전범으로 삼았던 모형이 바로 리콴유의 싱가포르였기 때문이다.

최근 중국의 역사를 평생 연구해온 임계순 교수가 『중국의 미래, 싱가포르 모델』이라는 역저를 출간했다. 이 책은 바로 중국이 지향하는 싱가포르형 통치 시스템을 상세히 소개하고 있다. 싱가포르는 1당지배의 민주국가이다. 그러나 1당지배의 '현실'을 보고 싱가포르를 중국이나 북한과 같은 제도화된 1당지배의 전제국가로 보아서는 안 된다. '국민들의 행복지수' 1위를 기록하고 있는 싱가포르는 국민들의 전폭적 지지로 집권당이 계속 집권하고 있기 때문이다. 싱가포르는 철저히 열린사회이다. 나라 안에서도 국민의 생활이 완전히 열려 있고 국제사회에도 완전히 열려 있는 사회이다. 법치주의가 철저히 지켜지고 가장 우수한 공직자들이 헌신적으로 복무하는 사회이다. 그리고 급변하는 시대 환경에 앞서 국가정책을 선제적으로 개혁해 나가는 지도자들의 노력이 돋보이는 나라이다. 전 국민의 정치의식을 높이는 교육체계, 과학기술 교육에 전력을 쏟아 새 시대에 대응해나가는 정부 정책 등이 만들어낸 혁신적인 국가이다.

열린 마음을 가진 국민들이 서로의 생각을 교환하면서 공동선을 합의해 나가는 열린사회를 만들어 가면 자유인의 자발적 공존 합의로 이루어지는 민주평화질서를 유지할 수 있다. 독선과 오만을 버린 열린 마음의 국민을 만드는 일이 민주평화질서를 지키는 가장 근본적인 길이다.

민주평화질서는 강한 자만이 누릴 수 있다

선한 자가 강하거나 강한 자가 선할 때 선善의 질서가 지켜진다.

모든 인간이 동등한 자격을 보장받고 함께 살 수 있는 민주평화질서가 인류에게 축복이 되는 선善의 질서라면, 이 질서를 지키려는 사람들이 허물려는 사람들보다 강해야 한다. 뜻과 힘을 모아 질서를 깨려는 자의 도전을 분쇄해야 한다.

옛날부터 "패장敗將은 말이 없다"고 했다. 전쟁에서는 이기지 않으면 아무리 의義를 위해 싸웠다고 하더라도 그 장수는 칭송받지 못한다. 맥아더Douglas MacArthur 장군은 좌우명으로 "전쟁에서 승리를 대체할 것은 아무 것도 없다In war there is no substitute for victory"라는 명구를 남겼다.

"평화를 원하거든 전쟁을 준비하라Si vis pacem, para bellum"라는 경구도 평화를 지키려는 사람들이 늘 마음에 담아온 것이다. 민주평화질서를 갈망한다면 이 질서를 지킬 마음가짐이 있어야 한다. 그리고 지킬 수 있는 힘과 제도를 갖추어야 한다.

오늘 우리가 누리는 민주평화질서는 누군가 만들어서 우리에게 준 것이 아니다. 우리의 앞선 세대가 싸워서 얻어낸 것이다. 앞으로 우리 자손들이 민주평화질서 속에서 행복을 누리게 하려면 우리 세대가 민주평화질서를 지킬 수 있는 장치를 마련해주어야 한다.

싸워서 얻어낸 민주주의

절대군주의 독재, 귀족 계급의 계급독재 속에서 권리는 누리지 못하고 의무만 지며 살아왔던 신민臣民들은 끊임없는 투쟁을 벌여 드디어 소수지배자의 손으로부터 정치공동체의 주권을 빼앗아 국민이 가지는 주권재민의 원칙을 세웠다. 국민이 주권자인 민주주의 정치체제는 시민들이 많은 희생을 치루고 얻어낸 귀한 제도이다.

민주주의 쟁취를 위한 시민혁명은 13세기 영국에서부터 시작되었다. 1215년의 「마그나 카르타」는 기사 계급과 부유한 시민들이 절대군주의 전제를 견제하기 위해 싸워서 얻어낸 장전章典이었다. 군주의 자의적 세금 부과를 저지하기 위한 최소한의 장치였다. 영국 국민들이 1689년의 명예혁명으로 얻어낸 권리장전權利章典을 거쳐 18세기에 들어서게 되면서, 부유한 시민 계층의 집단적 저항으로 군주권을 제한하는 의회제도가 영국 등 몇 나라에서 도입되기 시작했다. 참정권이 점차 일반 평민에게 확대되면서 '모든 시민'이 선거권을 가지는 보편선거제도가 정착되어 근대 민주정치체제가 자리 잡았다.

초기 시민혁명에서 주권자로 등장한 부유한 시민 계층은 일반 평민과 천민을 주권자인 시민으로 인정하지 않음으로써 새로운 계급지배체제를 만들어냈다. 그러나 이에 저항하는 평민들의 투쟁으로, 결국 20세기에 들어서면서 '모든 국민'이 주권자의 지위를 획득한 민주정치체제가 자리 잡기 시작했다.

그러나 시민혁명의 진행이 순탄하지만은 않았다. 국가사회주의, 프롤레타리아 계급독재 등의 도전으로 민주정치는 전체주의-전제주의에 밀려 났었다. 보편적 민주주의, 즉 모든 국민이 동등한 주권자가 되는 민주정치체제는 20세기 말에 이르러서야 인류 사회의 '보편적 정치체제'로 자리 잡았다.

민주주의는 꾸준히 진행되어온 시민혁명의 결과로 얻어진 것이지 저절로 이루어진 것이 아니다. 이 긴 투쟁의 역사에서 수많은 사람들이 목숨을 잃었다. 민주주의는 시민이 쟁취한 전리품이다.

어렵게 그려낸 평화질서의 틀

인간은 생물학적으로는 자기완성적 존재이다. 어느 조직에 속하지 않고서도 혼자 살아갈 수 있다. 뿐만 아니라 자기가 자기의 삶을 기획하고 원하는 대로 살아가기를 소망한다. 남과 다른 자기만의 꿈을 가지고 자기가 즐거워하는 일을 하길 원한다. 남의 간섭을 받기 싫어하는 자유인이다. 그러나 사람은 후천적으로 사회적 존재social being의 특성도 가지게 되었다. 혼자 이룰 수 없는 일을 다른 사람과 협동함으로써 이룰 수 있다는 것을 깨닫게 되었고 공동체를 만들어 그 소속원으로 살아왔다. 공동체는 가족, 씨족처럼 태어났을 때부터 소속하게 되는 것도 있고 강한 지배자의 힘에 의해 강제로 편입되는 것도 있다. 그리고 공동의 이익을 위해 서로 합의하여 만든 이익공동체도 있다.

공동체의 일원이 되면 공동체가 마련해주는 혜택을 받을 수 있는 권리와 함께 자기 이익의 일부를 희생해야 하는 의무도 지게 된다. 인간의 삶이 점차 복잡해지면서 개인과 공동체와의 관계도 복잡해졌다. 그리고 여러 가지 공동체에 동시에 소속하게 되면서 의무 간의 충돌도 생겨나 추가적인 부담도 안게 되었다.

대체로 인류의 역사가 시작된 이후로 인간은 국가라는 으뜸정치공동체의 소속원으로 살아왔다. 초기의 국가공동체는 지배자가 권리와 의무를 정해주는 전제적 통치체제를 갖춘 형태였고 인간은 자유를 희생하고 안전과 복지의 혜택을 얻는 단순한 피지배자로 살아왔었다.

인류는 자기완성적 존재인 자유인으로서 원하는 삶과 국가라는 정치공동체의 일원으로서 얻어지는 혜택과의 조화를 찾는 데 많은 어려움을 겪어왔다. 공동체에서 얻어지는 혜택을 위해서는 자신의 일정한 자유의 희생을 감수해야했기 때문이다. 전제적 통치체제를 가진 국가와의 관계에서는 자유인으로서의 자아自我는 말살당하고 공동체가 요구하는 의무만을 지고 살았다.

공동체를 통해 얻는 혜택과 개인의 자유 사이의 조화를 이룰 수 있는 이상적 관계로 인간이 만들어 낸 것이 평화질서이다. 모든 구성원이 동등한 지위를 가지는 평平의 기초 위에서 자발적 합의로 다른 구성원과 협동하는 화和를 추구하는 것이 평화질서이다. 사람은 관심, 능력, 지혜에서 모두 다르다. 이렇게 서로 다른 사람들이 남의 것을 존중하고 자기보다 나은 다른 사람의 재능으로 내게 모자라는 것을 메우는 화和라는 공존 체제를 만들어 냈다. 자유와 협동의 혜택을 함께 누릴 수 있는 질서가 평화질서이다.

'동격同格의 주체 간 공존에 대한 자발적 합의'가 평화이고 그런 합의가 이루어질 수 있는 규범과 제도가 갖추어지게 되면 평화질서가 이루어진다.

평화질서의 핵심은 공존共存의 합의合意이다. 왜 인간은 공존의 원칙을 수용해야 하는가? 인간은 자연의 일부이기 때문이다. 이 세상의 모든 생명체는 일정 기간 이 세상에서 살아갈 수 있는 자격을 가진다. 자연의 일부라는 뜻에서는 모두 동등한 자격을 가진다. 자기의 삶을 위해 다른 생명체를 희생시키지 않을 수 없게 태어났지만 함께 살아가지 않으면 살아갈 수 없도록 진화되었다. 공존은 이러한 자연질서의 요구라고 할 수 있다.

나와 다른 사람, 사람과 다른 동식물 간의 공존은 자연이 마련해놓은 삶의 방식이기도 하다. 이 공존체계가 무너지면 모두 공멸한다. 우주를 지배하는 자연질서 속의 삼라만상參羅萬象은 모두 서로 연계되어 있어 어떤 형태로든 '함께' 아니면 살아갈 수 없게 되어 있다. 공존 원리는 자연의 섭리이다.

　대자연의 질서天理를 기초로 인간공동체질서人道로 재구성하여 만든 정치질서禮를 이상 질서로 본 유학 사상에서도 공존은 핵심적 가치로 여겨졌고, 다른 사람과의 공존뿐만 아니라 다른 모든 생명체와의 공존공영을 강조한 불교 사상에서도 공존은 자연질서의 핵심 가치로 제시되어 왔다. 인간은 공존이 모두가 사는 유일의 길임을 깨달았다.

　이러한 지혜를 갖춘 선각자들의 가르침을 바탕으로 그려낸 인류의 이상적 정치공동체의 지배 이념이 평화이고 그 평화를 실천하기 위한 질서가 평화질서이다.

깨인 국민이 민주평화질서를 누린다

　국민이 주권자인 민주정치체제에서 국민들이 민주평화질서에 대해 무관심하거나 체제 위협 세력으로부터 평화질서를 지키려고 나서지 않을 때, 민주평화질서는 존속하지 못한다. 국민의 무지와 체제 수호 결의가 없을 때 민주를 가장한 대중영합주의가 기승하며 민주평화질서는 허물어진다.

　레닌은 대중은 눈앞의 이익만 볼 줄 알고 넓은 안목이 없으며 국가사회 전체가 어떻게 되어 가는가에 대해서는 알지도 못하고 관심도 가지지 않는다고 했다. 그리고 그들이 관심을 가지는 눈앞의 이익을 내세워 선전선동하면 엄청난 '물리적 파괴력'을 창출할 수 있으며 이 힘을 앞세우면 인민혁명이 가능하다고 진단했다. 이에 따라 레닌은 바로 노동자-농민을 앞세운 인민혁명으로 러시아에 볼셰비키 전제정치를 구축했다.

21세기에 들어서면서 민주화 과정에 있던 여러 나라에서 '민주주의의 퇴보'가 잇따라 일어나고 있는 것은 국민의 미비한 민주정치 수호 의식을 악용하는 대중영합주의 선동정치인들 때문이다. 선거를 통한 비민주 정부의 출현, 즉 '민주화의 역설'을 막기 위해서는 국민의 민주평화질서 수호 의식이 절대적으로 필요하다.

대한민국이 자유민주주의 국가로 출범하였을 당시 국민의 문맹률은 80%에 달했다. 이러한 국민들의 등가투표제도는 대중영합주의 정치인들의 집권투쟁에 악용되었고 이를 저지하려던 대통령과의 충돌로 정치 혼란을 겪게 되었다. 이를 통해 자유 대한민국의 정치는 대통령 1인 독재체제로 후퇴하게 되었다. 제1공화국의 집중적 교육 수준 노력의 결과로 1960년에 이르러서는 세계 최저 문맹률, 대학생 8만 명이라는 경이적인 국민의식 수준 향상이 이루어졌다. 역설적으로 제1공화국이 심혈을 기울여 성취한 교육 혁명으로 등장하게 된 '깨인 국민'들의 저항으로 제1공화국은 무너졌다. 시민혁명의 결과로 탄생한 제2공화국은 무절제한 자유권 존중으로 사회질서 자체가 무너지는 '자유화의 역설'로 군사혁명을 가져왔다. 군사혁명을 거쳐 3년 뒤에 출범한 제3공화국은 사회 안정을 앞세운 전제정치체제를 굳혀 가면서 국민의 기본 인권도 보장하지 않는 권위주의 정치를 펴나갔다. 결국 1987년 정부가 강력한 시민 저항을 이기지 못해 민주헌법 회복을 수용하였고 또 한 번의 정치 변혁을 겪게 되었다. 1987년의 '민주화혁명' 이후 새로운 대통령책임제의 민주헌정질서가 자리 잡아가다가 20년 만에 '인민혁명'에 의하여 또 한 번의 정치 변혁을 겪었다. 이번의 인민혁명도 국민 일반의 정치 무관심과 민주헌정 수호 의지의 미약으로 나타나게 된 '민주주의의 역설'로 볼 수 있다. 자유민주주의 국가로 출범한 대한민국에서 민주정치가 성숙되어가다가 퇴보하고 다시 전진하다 후퇴하는 진통을 겪은 것은 민주헌정질서를 지킬 단합된 국민 의지를 만들어 내지 못했기 때문이다.

선진 민주주의 국가에서는 국민들의 높은 정치의식과 민주헌정 수호 의지로, 일시적으로 비민주 정부가 출현하더라도, 민주헌정체제는 원상으로 돌아오는 복원력을 가지고 있다. 대중영합주의의 출현을 막을 수 있을 뿐만 아니라 정부의 반민주주의 정책도 국민의 견제로 저지된다. 그러나 국민의 민주주의 수호 의지가 흔들리면 역시 민주주의의 위기, 퇴보를 겪게 된다.

처칠경이 가장 존경했던 크리슈나무르티 Jiddu Krishnamurti는 "개인이 변혁하지 않으면 사회 개혁은 없다"고 단언했다. 개인이 사회를 위해 존재하는 것이 아니라 사회가 개인을 위해 존재한다면 개인이 '바른 판단'을 할 수 있을 때 바른 사회를 만들 수 있는 것이다. 개인이 어떤 교리나 사상을 내세우는 선전선동에 묶여 '자유로운 생각'을 하지 못하면 민주평화질서는 유지될 수 없다. 민주정치체제를 유지하려면 교육을 통해 개인을 계몽하는 길밖에 없다. '인간 자체의 내면적 변화'가 민주화의 첫걸음이다.

민주평화질서를 유지하려면 민주시민 교육을 통해 국민의 민주헌정 수호 의지를 강화해 나가야 한다. 민주주의국가에서는 주권자인 국민의 정치의식 수준이 정치의 수준을 결정한다. 민주정치는 시민의 정치이다. 국민의 과반수가 자기 행위의 의미를 알고 그 행위 결과에 책임을 지는 시민일 때 민주정치가 정상적으로 작동하는 것이다.

초헌법적 헌법 가치 수호 제도의 필요

민주평화질서는 민주헌법에 기초하여 작동하는 질서이다. 민주국가에서는 민주평화질서의 핵심 요소인 주권재민 원칙, 국민의 기본 인권보장 약속, 정부의 민주헌정체제 보호 의무 등을 헌법으로 규정하고 있다. 문제는 이러한 헌법이 지켜지지 않을 때 생긴다. 국민의 투표로 구성된 정부가 권력을 남용하고 국민의 기본 인권을 침해하는 경우에는 이를 견제하기가 쉽지 않다. 다음 선거에서 국민의 투표로 정부를 교체하는 수밖에 없다. 그러나 정부가 국민의 기본권을 침해하고 국민의 주권 및 참정권 행사를 방해하게 되면 선거를 통한 국민의 정부 규제는 무의미해진다.

민주헌법을 갖춘 국가에서는 입법부, 사법부, 행정부가 헌법 규정과 헌정질서를 무너뜨리게 되는 경우 이를 저지하기 위해 헌법재판소를 두고 있다. 초헌법적 기구로 헌법재판소를 구성하여 행정부, 사법부, 입법부의 헌법 위반을 평결하고 견제하고 있다. 그러나 헌법재판소의 초헌법적 권위를 보장해줄 수 있는 장치 마련이 어려워 헌법재판소의 정부 견제 기능이 발휘되기가 쉽지 않다.

주권자인 국민이 직접 나서는 국민투표 방식의 헌정 수호 제도도 활용하고 있다. 그러나 국민의 정치의식 수준이 낮을 때는 국민투표가 오히려 민주를 가장한 전제정치인들의 집권 수단으로 악용될 수도 있다.

통치자가 헌정질서를 파괴하는 것을 막기 위해서는 초헌법적 권위를 가지는 헌법재판소의 구성과 운영이 반드시 이루어져야 한다.

'늘려 맞추기'가 '줄여 맞추기'보다 낫다

21세기에 들어서면서 민주평화질서가 퇴보하는 것은 급격한 산업화로 사회가 파편화하는 데서 비롯되는 이기적 집단 간의 갈등 때문이다. 기업 활동의 자유를 확대하면 국부 전체의 증대와 경제성장에 큰 기여를 하지만 '승자 독식'의 무한경쟁은 단순 노동계층의 상대적 빈곤을 가져온다. 그 결과로 가진 자와 가지지 못한 자 간의 집단 갈등이 격화된다. 집단이익을 앞세우는 이익공동체 간의 투쟁은 '공존'을 핵심 가치로 하는 평화질서를 허물게 된다.

고도성장을 목표로 자본주의적 시장경제체제를 고수하려는 신흥공업국에서는 예외 없이 가지지 못한 계층의 집단적 저항을 겪고, 이러한 대중 저항을 집권 수단으로 이용하려는 정치 세력이 등장하면 민주평화질서는 붕괴하여 계급독제체제가 들어서게 된다. 민주정치체제를 지킬 중심 세력이 형성되지 못한 나라는 다수 불만 계층의 지지로 계급독재 세력이 집권하게 되는 '민주화의 덫'에서 헤어나지 못한다.

이러한 '민주주의의 역행'을 막기 위하여 정부는 가진 자의 자유를 제한하고 가진 자의 부를 세금으로 거두어 가지지 못한 자에 분배하는 여러 가지 복지 정책을 취하게 된다. 그 결과로 당장의 계급 갈등은 잠재울 수 있으나 경제 성장은 멈추게 되고 국가 전체로는 빈곤의 수렁으로 빠져들게 된다. 더구나 전세계가 하나의 시장으로 되어가는 국제화 시대에는 기업의 대외 경쟁력 저하로 경제 체제가 급격히 붕괴된다. 이 악순환을 막으려면 능동적으로 기업 자유를 보장하면서 단순 노동자의 노동 생산성을 높여 나가는 공생共生을 모색하는 것이 장기적으로 모두가 사는 길이 된다. 21세기의 생산체제에서는 노동의 양보다 노동의 질이 생산력을 결정하게 된다. 기술 수준이 높은 노동자가 생산력을 결정한다. 기술 수준을 높이는 교육훈련 체계 구축이 바른 처방이 된다. 생산성이 낮은 노동에 대하여 정부가 세금으로 추가적 보상을 하는 정책은 미봉책이 될 수 있지만 문제 해결의 바른 방향은 아니다.

국제경쟁이 보편화된 21세기적 시대 상황에서는 한 나라의 지적 밀도知的密度가 국력의 기준이 된다. 제2차 세계대전 종전 후 선진국 대열에 새로 올라서게 된 나라들은 모두 상대적으로 지적 밀도가 높은 나라였다. 아시아의 '네 마리의 용'으로 주목받던 한국, 대만, 싱가포르, 홍콩이 대표적 예이다. 중국 대륙을 통치하던 중화민국이 중국 공산당에 밀려 대만이라는 좁은 섬으로 쫓겨 왔다. 대지주, 자본가, 교육받은 인텔리를 '인민의 적'으로 숙청하던 중국 공산당 정부의 탄압을 피해 중국 사회를 이끌던 지식인들 대부분이 대만으로 피난 왔었다. 인구 2천만 명의 대만에 당시 5억 4천만 명이 넘던 중국 사회의 '지식 계층'이 몰려옴으로써 대만은 세계에서 '지적 밀도'가 가장 높은 나라가 되었다. 이들의 힘으로 대만은 짧은 시간 내에 선진공업국 대열에 합류할 수 있었다. 한국의 경우도 마찬가지이다. 북한 공산정권의 탄압을 피하여 한국으로 이주한 고급 기술자와 지식인들로 한국의 '지적 밀도'가 급격히 높아졌다. 북한이 인재 부족으로 허덕일 때 자원과 공업 시설이 전무하던 한국이 높아진 '지적 밀도' 덕분에 고도성장의 신화를 쓸 수 있었다. 싱가포르와 홍콩의 경우도 마찬가지이다.

불만을 가진 빈곤 계층에 정부가 개입하여 부를 추가 배분하는 것은 '줄여 맞추기'의 전형적인 미봉책이다. 결과적으로는 모두가 가난해지는 자살 행위가 되기 때문이다. 반대로 정부가 나서서 전 국민의 지적 수준을 높이는 교육 훈련을 펼쳐 한국을 '지적 밀도'에서 앞서는 나라로 만드는 것이 더 좋은 대안이 된다. 21세기처럼 전세계가 단일 시장으로 된 시대에는 높은 지적 밀도를 바탕으로 국제적 경쟁력을 키워 나가면 모두에게 혜택이 돌아가는 경제 성장을 이룰 수 있고, 나아가 빈부 계층 간의 갈등을 해결하여 모든 국민이 공존체제를 수용하게 할 수 있다. 이것이 평화질서를 안정적으로 지키는 '늘려 맞추기' 대응 방안이다.

결국은 공동체의 안정을 이루고 구성원 모두가 평화질서 수호 의지를 갖게 하려면, 국민 모두의 의식 수준을 높여 평화질서를 수용하게 하는 것이 최선의 길이 된다. 국가는 국민의 것이므로 주인인 국민이 단합된 평화 의지를 가질 때 평화질서가 작동하게 된다.

조선조 500년의 역사는 문제가 많았던 역사였다. 책임을 지지 않는 절대군주의 자의적인 폭정으로 많은 백성이 고통을 겪었고, 부패하고 무능한 관료의 통치로 여러 번 국난을 겪었던 역사였다. 그럼에도 불구하고 500년을 지탱할 수 있었던 것은 국민들의 '나라사랑' 의식과 높은 윤리의식이 있었기 때문이었다.

조선조의 시민교육체계는 잘 짜여 있었다. 『소학小學』, 『사서삼경四書三經』, 『명심보감明心寶鑑』 등의 국민교육 표준 교과서로 모든 국민이 공동체의 일원으로서 지켜야 할 기본적인 윤리를 가르쳤다. 중국과 한국 역사 속의 모범적인 사례를 들어 시민으로 지켜야 할 행동 규범을 모든 국민이 수용하도록 교육했다. 유교 전통의 가치관을 바탕으로 만들어진 교육 내용을 요약하면 다음과 같은 다섯 가지 덕목으로 재구성할 수 있다. 첫째는 자존이다. 자기 스스로를 인격적 존재로 자각하게 하여 공동체 일원으로서의 책임을 질 수 있도록 교육한다. 둘째는 수기修己이다. 스스로를 계속 다듬어 성숙된 시민이 가져와 할 윤리적 덕목을 갖추도록 한다. 셋째는 위공爲公 정신의 강조이다. 공동체 전체의 안정과 발전을 자기의 안정 및 발전과 일치시키는 내용을 담는다. 넷째는 순리順理이다. 자연의 한 구성원으로서 사람은 대자연의 섭리라 할 기본 가치 질서에 순응하는 것이 바람직하다고 믿게 한다. 끝으로 박애博愛이다. 나의 이웃, 나아가서 공동체의 모든 구성원을 동료로 사랑할 수 있는 마음을 가지도록 교육한다. 이런 모든 덕목과 교양을 갖춘 시민이 되는 것을 사람의 본분이라고 교육했다.

이러한 시민교육으로 공동체질서에 순응하는 시민의식이 널리 퍼져서 불합리한 제도, 부패한 관료들의 횡포에도 조선조는 500년을 견

려냈다. 교양을 갖춘 시민들이 지켜낸 역사였다.

시대 환경이 바뀌어도 바뀌지 않는 것이 있다. 국가는 구성원들이 공존을 위해 만든 공동체라는 사실이다. 달라진 환경 속에서도 국민들을 성숙한 시민으로 교육하여 평화공존 질서를 지키도록 만드는 것이 가장 바람직한 민주평화질서 안정화의 길이라고 생각한다.

21세기는 인류 역사의 갈림길

과학기술의 비약적 발전으로 인간의 삶의 환경이 크게 향상되었고 이로 인해 지구가 감당하기 어려울 정도로 인구가 급속히 늘어나 많은 문제를 일으키고 있다. 80억 명이 넘는 인구의 삶을 지원하기 위해서는 엄청난 자원이 필요한데 지구의 부족한 자원이 한계에 이르러 필요로 하는 자원을 공급하기 어려워지고 있다. 더구나 과학기술 발전은 소비 수준을 높여 놓아 한 사람이 사용하는 자원량은 100년 전 선조들에 비하여 10배 이상 늘어났다. 그 결과로 지구 환경이 급속하게 파괴되고 있다. 산림녹지의 파괴, 많은 동식물의 멸종, 바다의 오염, 기후의 온난화 등은 인간의 생존을 위협하기 시작했다.

인구 증가에 따른 자원 부족은 국가 간 자원 쟁탈을 격화시키고 생존 경쟁에서 이기기 위해 각국은 국력 집중화를 내세우게 된다. 국민의 기본권을 제한하면서 정부의 통제력을 높이고 결과적으로는 민주평화질서의 퇴보 현상이 나타나게 된다.

국내에서의 국민 간 공존 합의가 민주평화질서를 가져온 것처럼 그

동안 국가 간의 협력 증진 합의가 국제적 공존체제를 강화시켜 세계 평화의 길을 열어주었다. 그러나 국가 간 생존 경쟁이 심화되면 또 다시 '쟁취 문화'가 성행하여 세계평화질서는 무너지게 된다. 21세기는 이러한 평화체제의 퇴행으로 인류 문명이 멸절하는 위기의 세기가 될지, 아니면 모든 국가와 국민이 자제의 미덕을 가지고 성숙된 세계시민이 되어 인류 역사상 최초의 범세계적 단일 민주평화질서를 구축하게 될지 택일의 기로에 들어서는 세기가 될 것이다.

인종의 우열과 종교 간 반목을 심화시켜 문화 차이를 적과 동지의 차이로 여기는 폐쇄적 문화가 국가 간의 공존체제 구축을 계속 막는다면 인류 역사는 21세기 말쯤에 종말을 고하게 되지 않을까 걱정된다.

반대로 모든 인간이 똑같이 이 세상에서 행복하게 살 권리를 가졌다는 사실을 서로 인정하고 서로의 다른 문화를 존중하며 이 세상을 함께 구할 수 있는 일을 해 나가기로 합의한다면, 우리는 다음 세대가 살아갈 수 있는 평화로운 세계를 물려줄 수 있을 것이다. 인류 문명 존망의 갈림길에서 우리는 지나온 역사와 앞으로 열릴 새로운 미래의 역사를 깊이 살펴보아야 한다. 그리고 다음 세대의 평화를 지키는 데 힘을 보태야 한다. 평화는 강한 자만이 누릴 수 있는 질서라는 것을 잊어서는 안 된다.

참고문헌 소개

오늘의 세계와 내일의 시대 환경을 이해하는 데 도움이 되리라 생각되는 책과 글들을 몇 가지 추려 소개한다.

21세기 국제질서는 어떤 모습일까?

20세기 후반부터 과학기술은 지수함수指數函數식으로 발전하고 있다. 이 속도로 발전이 진행되면 21세기는 지금 우리가 상상하기 어려운 세상이 되리라 생각된다. 이러한 변화된 시대 환경에서 인류공동체는 어떤 모습을 하게 될까? 시대 환경 변화에서 '변하는 것'과 '변하지 않는 것'은 무엇일까? 어떤 정치이념이 보편화될까? 어떤 정치 제도가 가장 바람직한 것이 될까?

책 몇 권을 소개한다.

● Niall Ferguson. *Civilization*. 2011. Penguin Books.

퍼거슨은 문명의 발전이 평화와 번영을 가져오지만 그러한 발전이 도덕적 해이, 제도적 부패 등을 가져와 공동체 체제는 붕괴하고 새로운 체제가 태어난다고 했다. 퍼거슨은 스펭글러Oswald Spengler, 토인비Arnold Joseph Toynbee, 소로킨Pitirim Alexandrovich Sorokin 등의 고전적 논리와 더불어 다이아몬드Jared Diamond의 최근의 '환경의 위협'까지를 섭렵하고 21세기의 시대 환경을 인류가 역사상 겪어보지 못했던 가장 원초적인 도전으로 해석했다. 오늘 우리가 긴장 속에 지켜보고 있는 민주정치의 붕괴 현상에 대해서도 앞으로 중우정치Ochlocracy가 등장하리라 진단했다. 1인1표의 등가참여 제도를 이용하고 무지한 대중을 선동하여 눈앞의 이익을 추구하는 대중영합주의자들이 민주 제도를 붕괴시키리라 내다보았다.

● John J. Mearsheimer. *The Tragedy of Great Power Politics*. 2014. Norton.

21세기에 예상되는 2개의 패권 국가는 미국과 중국이다. 미어샤이머는 미국의 대외정책은 패권 추구였다고 보았다. 미국은 독립 이후 스페인과의 투쟁 등을 겪으며 태평양까지 영토를 확대한 후 20세기에 들어서서 제1차, 제2차 세계대전을 치르고 초강대국으로 성장했다. 이어 제2차 세계대전 이후 40년간 지속되던 소련과의 대치에서 승리한 후 1992년 부시George W. Bush 대통령은 '세계 유일의 초대강국'임을 선언하고 미국이 앞으로 세계질서를 관리할 것임을 천명했다.

중국은 그동안 미국이 지배해오던 동아시아 해양 지역에서 미국을 밀어내고 1차적으로 옛 중국 제국이 지배했던 영역을 회복하려 하고 있다. 동중국해와 남중국해에서 미국의 접근을 막고 이 지역을 중국의 영향권 아래 두려하는 2A/AD~Anti-Access/Areal Denial~ 정책을 펼치고 있다. 미국과 중국의 패권 경쟁이 어떻게 결판날지 모르나 적어도 21세기 중엽까지는 미·중 경쟁의 패권 안정 질서가 유지되지 않을까 생각된다. 미어샤이머의 책은 이러한 국제 정세 전망에 도움을 준다.

● Thomas J. Christensen. *The China Challenge*. 2015. Norton.

21세기 국제질서를 미국과 함께 주도해 나가게 될 중국에 대하여 집중적으로 분석한 책이다. 새로운 강대국으로 등장한 중국이 미국과 맞설 수 있을까? 중국은 미국을 대신할 패권국이 될 수 있을까? 크리스텐센은 세계화 무대에서 중국은 미국을 능가하는 패권국이 될 수는 없을 것이나 미국이 대표하는 가치에 대안代案을 제시한다는 점에서 21세기 세계질서 재편에 큰 영향을 끼치리라고 전망했다.

● Amitav Acharya. *The End of American World Order* 마상윤 옮김. 『세계질서의 미래』. 2016. 명인문화사.

이 저서도 21세기의 새로운 패권 경쟁 질서를 이해하는 데 도움을 준다. 아차리야는 중국이 경제적으로 크게 발전하게 될 경우, 자유민주주의 가치의 '민주화' 추구 가능성을 검토하고 있다. 아차리야는 미국 주도의 자유민주주의 단일 세계질서 가능성을 '신화'라고 부정하면서, 미국이 국제사회에 질서와 안정성을 제공하긴 하지만 지배하지 않는 '자유주의 패권질서'가 오히려 가능성이 높다고 주장한다.

21세기 국제질서는 어느 한 패권 국가가 지배하는 위계적 단일질서가 아닌, 다양한 문화적 특성을 가진 국가들이 공존하는 '다층복합질서'가 되지 않을까 생각한다.

자유와 평등은 보편적 가치인가?

공화정으로 시작된 미합중국의 정치체제에서는 자유와 평등을 헌법으로 보장하는 논리가 도입되었다. 토크빌Alexis de Tocqueville은 자유와 평등이라는 양보할 수 없는 인간의 권리가 보장되는 정치체제를 만들어야 인간의 존엄성이 보장된다고 하는 주장을 폈다Democracy in America. 미국 건국 후 미국의 헌법은 새로 탄생하는 민주국가들의 전범이 되면서 자유와 평등은 민주국가의 상징적 보편 가치로 자리 잡았다.

문제는 자유와 평등의 가치를 보장하는 수준에서 민주주의체제의 '질'이 달라지게 된 것이다. 20세기 말까지 전세계의 80%에 달하는 국가들이 민주주의 헌법을 채택했었으나 지켜지는 '민주주의 가치의 질'은 모두 달랐다. 각국의 민주주의 질의 차이를 평가한 대표적 저작으로 다음의 책을 꼽을 수 있다.

● Larry Diamond. *In Search of Democracy*. 2016. Routledge.

다이아몬드는 민주주의의 질을 보편선거, 자유선거, 다당제, 정보획득의 자유 등 '보장제도'에 중점을 두고 민주주의의 질을 평가하고 있다. 그리고 민주주의 가치인 자유권, 평등권과 주권자인 국민의 기대 충족 정도 등 세 가지로 민주주의의 질을 평가했다.

다이아몬드는 특히 아시아 각국의 민주화(민주정치체제로의 전환)를 경제발전 수준과 연계하여 분석하면서 대체로 1인당 GDP가 미화 1만 달러 수준에서 민주주의가 정착된다고 했다. 그러나 그의 분석은 각 국가가 민주화를 시도할 때의 '성공을 위한 조건 분석'이지 정치 지도자가 민주화를 시도하지 않을 때는 의미가 없다.

자유와 평등이 모든 인류가, 모든 국가가 이루려고 하는 보편적 가치인가는 아직도 의문이다. 자유민주주의가 어려운 정치환경을 이겨나가는 힘을 갖추고 있기 때문에 21세기 환경에서도 모든 국가가 자유와 평등을 추구하리라는 주장을 펴는 중요한 저작으로 다음의 책을 들 수 있다.

- Paul Starr. *Freedom's Power: The True Force of Liberalism*. 2007. Basic Books.

- R. J. Rummel. *In The Minds of Men: Principles Toward Understanding and Waging Peace*. 1984. Sogang University Press.

- R. J. Rummel. *Power Kills: Democracy as a Method of Nonviolence*. 1997. Transaction Publishers.

- R. J. Rummel. *The Blue Book of Freedom*. 2006. 이남규 옮김. 『블루북: 자유주의 청서』. 2006. 기파랑.

- 이상우. 『럼멜의 자유주의 평화이론』. 2002. 오름.

- Natan Sharansky et al. 2004. *The Case For Democracy*. 김원호 옮김. 『민주주의를 말한다』. 2005. 북@북스.

- 이상익. 『현대문명과 유교적 성찰』. 2018. 심산출판사.

민주 제도에 대한 믿음과 회의

독일 사민당 수상이었던 슈미트Helmut Schmidt는 '중국의 장래를 보려면 덩샤오핑을 보아라, 그리고 덩의 생각을 알려면 싱가포르의 리콴유를 보라'고 했다. 리콴유는 중국은 전통적으로 만민평등 사상을 가져본 적이 없다고 했다. 중국의 문화, 역사에서 보면 "중국 사람들은 중심이 강할 때 국가는 평화로웠고 중심이 약할 때 혼란이 왔었다고 생각해 왔고 지금도 그렇게 생각한다. 그리고 이런 사고는 국내정치질서 뿐만 아니라 국제정치질서에서도 마찬가지다"라고 진단했다. 슈미트 수상은 중국 정치를 지배하는 사상에 대해, 현능주의 바탕의 위계적 제도를 가장 바람직한 통치 제도라고 생각하는 사상이라고 했다. 현능주의는 신분이나 재산, 신념에 상관없이 개인의 능력에 따라 신분 상승이 가능한 것을 말한다. 그러므로 중국 정치에서는 앞으로도 1인1표와 같은 민주참여제도가 수용될 수 없으리라고 보았다. 중국 등 민주 제도에 회의적인 나라의 생각들을 알려면 이들의 다음의 책들을 읽어보기를 권한다.

- Lee Kuan Yew. *One Man's View of the World*. 2013. The Straits Times Press(Singapore).

- Helmut Schmidt. *Was Ich Noch Sagen Wollte*. 2015. Verlag C.H.Beck. 강명순 옮김. 헬무트 슈미트 『구십 평생 내가 배운 것들』. 2016. 바다출판사.

- Daniel Bell. *The China Model: Political Meritocracy and the Limits of Democracy.* 2015. Princeton University Press.
- 임계순. 『중국의 미래, 싱가포르 모델』. 2018. 김영사.

민주주의의 붕괴를 걱정하는 생각들

민주화의 흐름은 서기 2000년을 분수령으로 '민주주의 후퇴'로 돌아서기 시작하였다. 특히 민주화된 정치를 악용하여 민중선동으로 전제정치체제를 만들어내는 현상들이 나타나기 시작하였다. 이른바 '민주화의 역설', '민주정치의 덫'이라고 하는 현상으로, 2010년대에 들어서면서 안정적 민주국가로 분류되던 나라들도 전제정치체제로 역류하는 예가 늘어나고 있다.

이러한 추세를 분석하는 글들이 최근에 부쩍 늘어나고 있다. 몇 가지를 추려 소개한다.

- Niall Ferguson. *The Great Degeneration: How Institutions Decay and Economies Die.* 2012. 구세희 옮김. 『위대한 퇴보』. 2013. 21세기북스.
- Joshua Kurlantzick. *Democracy in Retreat: The Revolt of the Middle Class and the Worldwide Decline of Representative Government.* 2013. Yale University Press.
- Robert A. Dahl. *Democracy and Its Critics.* 1989. Yale University Press.
- Michael Mann. *The Dark Side of Democracy: Explaining Ethnic Cleansing.*

2005. Cambridge University Press.

- Joseph Samuel Nye Jr. *Is the American Century Over?*. 2015. Polity. 이 기동 옮김. 『미국의 세기는 끝났는가?』. 프리뷰.

- Yascha Mounk. *The People vs. Democracy: Why Our Freedom Is in Danger & How to Save It*. 2018. 함규진 옮김. 『위험한 민주주의: 새로운 위기, 무엇이 민주주의를 파괴하는가?』. 와이즈베리.

민주주의의 위기가 심각해지면서 학술 잡지들도 민주주의 위기 문제를 많이 다루고 있다. *Foreign Affairs*지는 2018년에 5-6월호와 7-8월호에 걸쳐 특집으로 다루었다.

- *Foreign Affairs*. Vol. 97, No. 3(May-June, 2018).
  특집: "Is Democracy Dying?"
  (1) Walter Russell Mead. "How American Democracy Fails Its Way to Success."
  (2) Ronald Inglehart. "The Age of Insecurity: Can Democracy Save Itself?."
  (3) Yascha Mounk and Roberto Stefan Foa. "The End of the Democratic Century: Autocracy's Global Ascendance."
- *Foreign Affairs*. Vol. 97, No. 4(July-August, 2018).
  특집: "Which World Are We Living In?"
  (1) Stephen Kotkin. "Realist World: The Players Change, but the Game

Remains."

(2) Daniel Deudney and G. John Ikenberry. "Liberal World: The Resilient Order."

(3) Amy Chua. "Tribal World: Group Identity Is All."

(4) Robin Varghese. "Marxist World: What Did You Expect From Capitalism?."

(5) Kevin Drum. "Tech World: Welcome to the Digital Revolution."

(6) Joshua Busby. "Warming World: Why Climate Change Matters More Than Anything Else."

이 글들을 읽으면 민주주의 제도에 대한 여러 가지 도전을 이해하게 된다. 21세기의 급격한 시대 환경 변화 속에서 민주 제도가 어떻게 대응해 나가는가도 살펴볼 수 있다.

문명사 흐름 속에서 보는 민주평화질서

민주평화질서는 끊임없이 변화하는 자연환경과 그 환경 속에서 살아남기 위한 인간의 노력이 만들어낸 산물이다. 거시적 안목에서 인간의 공동체를 평가해야 참모습을 볼 수 있게 된다. 이런 거시적 안목을 갖게 하는 글들을 소개한다.

● Yuval Noah Harari. *Sapiens: A Brief History of Humankind*. 2015. 조현

욱 옮김.『사피엔스』. 김영사.

- Yuval Noah Harari. *Homo Deus: A Brief History of Tomorrow*. 2015. 김명주 옮김.『호모데우스: 미래의 역사』. 김영사.

- Ian Crofton and Jeremy Black. *The Little Book of Big History: The Story of Life, the Universe and Everything*. 2016. 이정민 옮김.『빅 히스토리: 빅뱅에서 인류의 미래까지』. 2017. 생각정거장.

- 배철현.『인간의 위대한 여정』. 2017. 21세기북스.

민주주의체제는 계몽된 시민들의 협의질서이다. 그러나 시민들의 의식을 조작하게 되면 '깨인 시민'도 자기 파괴적인 왜곡된 이념에 휩쓸려 전제정치체제에 갇히게 된다. 가장 깨인 시민들을 가졌다고 자부하던 독일 사회에서 바이마르 공화국이라는 가장 앞선 민주주의 국가를 만들어냈지만 히틀러Adolf Hitler는 바로 그 독일에서 '민주 절차'를 거쳐 나치스 독재체제를 탄생시켰다. 똑같은 현상이 21세기의 선진 민주국가에서도 반복되고 있다. 왜 그럴까? 인간 의식은 모든 정보를 접할 수 있는 '열린사회'에서만 바른 판단을 할 수 있고 주관적 행위 주체로 존재 할 수 있는데, 인간들을 '닫힌사회'에 가두어 놓으면 자유의식의 붕괴를 겪게 된다. 21세기에 들어서면서 선진 민주국가에서조차도 선전선동에 능한 정치인들에 의해 민주 제도가 후퇴하게 되는 것은 이러한 '닫힌사회'를 만들어내는 이념들 때문이다. 오늘의 현상을 이해하는 데 도움이 되는 책으로 포퍼Popper의 책을 권한다.

- Karl R. Popper. *The Open Society and Its Enemies*. 1963. 이한구 옮김. 『열린사회와 그 적들』 I, II. 민음사.

- Bryan Magee. *Karl Popper*. 이명현 옮김. 『칼 포퍼: 그의 과학철학과 사회철학』. 1982. 문학과지성사.

자유 민주 지키기
21세기 평화질서

초판 1쇄 발행일 2018년 10월 15일

지은이 이상우
펴낸이 안병훈
펴낸곳 도서출판 기파랑
디자인 커뮤니케이션 울력
등록 2004년 12월 27일 제300-2004-204호
주소 서울특별시 종로구 대학로8가길 56(동숭동 1-49) 동숭빌딩 301호
전화 02-763-8996(편집부) 02-3288-0077(영업마케팅부)
팩스 02-763-8936
이메일 info@guiparang.com

ISBN 978-89-6523-637-5 03340